## Rue des Écoles

La collection « Rue des Écoles » est dédiée à l'édition de travaux personnels, venus de tous horizons : historique, philosophique, politique, etc. Elle accueille également des œuvres de fiction (romans) et des textes autobiographiques.

### Déjà parus

Dassonville (Yvonne), *Les Jeanne*, roman, 2018.

Clair (David), *L'Oublié de Dora*, récit, 2018.

Messerschmitt (Jean-Pierre), *Improbables*, nouvelles, 2018.

Koméza (Wanda), *La mémoire écrasée*, récit, 2018.

Lorioux (Marie), Dubois-Chabert (Jean-Louis), *Les territoires du vide*, nouvelles, 2018.

Bertozzi (Gabriel-Aldo), *Arcanes du désir*, roman, 2018.

Hakkari (Rachid), *La blessure de l'aube*, récit, 2018.

Chaillou (Yann), *Le messager*, roman, 2018.

Rubin (Michel), *Les contes du tord-boyaux*, contes, 2018.

Schneckenburger (Patrick), *Voyage à Kumasi*, roman, 2018.

Morin (Nicole), *Ça noircit le blanc de l'œil*, roman, 2018.

Prével (Jean-Marie), *Fugue en mai bémol*, récit, 2018.

Ces douze derniers titres de la collection sont classés par ordre chronologique en commençant par le plus récent.
La liste complète des parutions, avec une courte présentation du contenu des ouvrages, peut être consultée sur le site www.editions-harmattan.fr

# LE GRAND JETÉ

**5-7, rue de l'École-Polytechnique, 75005 Paris**

http://www.editions-harmattan.fr

ISBN : 978-2-343-14098-8
EAN : 9782343140988

Jean Tricot

# Le grand jeté

Roman

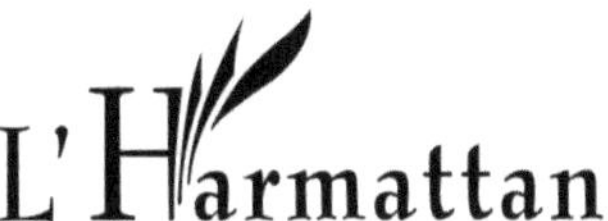

**Du même auteur**

LA MUSIQUE À MAINS NUES
SCEREN (CRDP – Académie de Montpellier)
LA MARCHE TURQUE (l'Harmattan)

# 1

Je venais de m'installer dans un petit village à trente kilomètres à l'est de Béziers, avec le diplôme d'instituteur, en remplacement d'un certain M. Lourdes, parti à la retraite. J'avais demandé ma mutation dans l'Hérault après le naufrage définitif de mon couple. *O Solitude, my sweetest choice…*

J'arrivais de Toulouse. Je fuyais le bruit, la pluie, la poussière et les souvenirs encombrants. Je voulais la campagne, le Soleil et de nouvelles têtes. On était en 1977 et Valéry Giscard d'Estaing, pour « faire peuple », s'essayait à l'accordéon ou s'invitait à dîner chez des Français ordinaires.

Les noms de villages du Midi viticole sont parfois étranges. Certains érudits prétendent qu'ils viennent des Wisigoths. D'autres de l'occitan. Ne cherchez pas sur la carte, vous ne trouverez pas Blomilhac qu'on dit ici Bloumillac, trop bien caché au creux de ma mémoire.

La plaine languedocienne en ces années-là était magnifique à l'automne, avec les variations infinies des couleurs chaudes des feuilles des vignes que les machines à vendanger ne maltraitaient pas encore comme aujourd'hui. Ma nomination ici a donc été un cadeau inespéré, obtenue rapidement, et étonnamment sans difficultés.

L'école était minuscule, adossée à la mairie. Un dessin d'enfant, un rêve d'école, avec ses deux mûriers dans la cour, son préau couvert de tuiles romaines, le jeu de marelle peint sur le goudron déformé par les racines, et les portes vitrées des deux classes, une pour les petits et une pour les grands.

J'aurais les grands, cinq niveaux, 19 élèves, exactement ce dont je rêvais depuis que j'exerce ce métier. Nombre de mes collègues auraient refusé cette classe unique mélangeant des enfants de six ans avec d'autres de onze ans, mais je jubilais de pouvoir enfin mettre en application mes théories pédagogiques un peu spéciales.

J'avais immédiatement accepté le logement de fonction mis à ma disposition par la mairie, un deux-pièces cuisine un peu sombre et humide tapi au fond d'une ruelle au centre du village, mais largement suffisant pour un célibataire. J'aurais bien le temps de trouver mieux.

L'institutrice des petits était ma directrice. Florence. Elle était logée au premier étage de l'école. Maigre, grande et anguleuse, elle fumait énormément, avait une voix d'homme éraillée, mais parlait toujours avec une grande douceur, comme pour s'excuser de son timbre surprenant. Les cheveux déjà grisonnants coupés court, la peau tannée par le soleil et le grand air, toujours en pantalons et veste de jean, on comprenait vite que l'image qu'elle offrait d'elle-même n'était pas son principal souci. Son absence totale de féminité me signifiait clairement que mon statut de célibataire ne serait pas menacé à court terme… Oui, c'est vrai, ces pauvres mots d'humour révèlent la misère banale de l'homme générique qui ne voit en toute femme croisée que deux choix – oui ou non - liés à la séduction et au sexe. Avec le temps, Florence deviendra pourtant peu à peu mon amie, en me laissant découvrir et partager plusieurs de ses passions secrètes. Et, en retour, je saurai la convaincre que mes expérimentations ne sont pas si stupides, en lui montrant leurs résultats étonnants sur les enfants. Peut-être même pourrai-je l'embarquer dans ma quête de la recette idéale à base de Freinet, de Montessori et d'audacieux bricolages personnels.

C'est elle qui m'a conseillé de rencontrer Jonas, un Belge qui vivait au village depuis quelques années. Elle devait penser qu'un citadin comme moi n'avait aucune chance de sympathiser avec les villageois ordinaires et qu'il me fallait du sophistiqué, du moins banal ?

Jonas, travailleur social à Gand, avait tout plaqué au plat pays et était venu s'installer ici pour faire pousser des légumes bio sur un terrain réputé incultivable que la mairie avait fini par lui laisser gratuitement, grâce à l'insistance de l'assistante sociale du secteur que je soupçonne, avec le recul, d'avoir été plus ou moins amoureuse de lui. Quant à Florence, je ne sais toujours pas si elle le considérait comme un fou ou comme un héros.

Il parlait très mal français, mais sans complexe, et s'embarquait dans de grands discours sur l'écologie, affirmait qu'il attendait le printemps pour se laver à la rivière, se chauffait et cuisinait exclusivement au bois, était fort comme un Turc, refusait les médicaments et les vaccins, picolait généreusement et fumait ses deux paquets de gauloises papier maïs par jour.

Mais j'étais comme lui un « estrangier », un « pas d'ici », et c'était censé nous rapprocher.

Fort en gueule, les convictions toujours brandies en étendard, bien étayées par ses innombrables lectures, il a commencé rudement :

- Oui, je suis Belge, mais si tu me parles de Tintin au Congo et de cet enfoiré d'Hergé, je te parle de Pétain et d'Aussaresses !

Je suppose que je l'intéressais au début de notre relation pour les livres qu'il imaginait que je pourrais lui prêter, mais par la suite une sorte d'amitié s'est insinuée entre nous, avec beaucoup d'espace - je ne pouvais quand même pas partager son intégrisme écolo - mais aussi avec beaucoup de respect mutuel. Je voyais bien qu'il était sincère et bossait dur, pour de bon, au moins dix heures par jour. Quant à lui, il appréciait sans doute mon côté missionnaire, mon choix inconcevable aux yeux de la plupart des gens normaux de quitter une belle et grande ville comme Toulouse pour venir m'enterrer dans ce trou perdu.

Un des premiers soirs où je m'invitais à l'apéro chez lui, fèves crues au sel et gros rouge râpeux à souhait, il déclara que je devais trouver un meilleur logement que ce qu'il appelait ma cage à lapins et que pour ça je devais impérativement rencontrer Éloi, un gars du village, un maçon qui connaissait tout le monde, et logiquement toutes les maisons dans lesquelles il avait forcément un jour ou l'autre effectué des travaux.

C'est ainsi qu'un samedi à midi, je fis la connaissance du personnage le plus incroyable que j'aie jamais rencontré de toute ma vie.

# 2

Éloi préparait le feu pour la grillade au fond du jardin quand le nouveau venu au village s'est arrêté devant la petite barrière donnant sur la rue.

- Bonjour, je suis un ami de Jonas, il m'a conseillé de venir vous voir…

- Hé bé entre, reste pas planté comme ça ! Ça va être l'heure de l'apéro, ça te dit ? Jonas m'avait prévenu que tu passerais.

Maigre et sec, plutôt petit, il doit peser la moitié du poids de Jonas, et par la suite, les voir ensemble me fera toujours irrésistiblement penser à Laurel et Hardy. Éloi porte les cheveux longs jusqu'aux épaules et une barbe sauvage blonde. Quand on se connaîtra mieux, il m'expliquera qu'il ne s'est jamais rasé, pas une seule fois, ce qui explique la douceur de sa barbe et le fait qu'elle ne pousse pas vite. Les yeux bleus débordant de vie, une allure et des mouvements de danseur dans ses jeans serrés et son polo moulant. Mais la main qu'il me tend est rugueuse et ferme, c'est bien celle d'un maçon.

Ici, l'apéro est une affaire sérieuse, la classe nettement au-dessus de celui de Jonas ! Éloi prépare lui-même ses olives, noires à la grecque et Lucques vertes. Il y a de la Cartagène et de la tapenade maison, du vin blanc bien frais, des filets d'anchois marinés au citron et du saucisson fourni par le cousin de Lacaune. Sa femme Aline dispose toutes ces merveilles sur une table en châtaigner massif qui doit peser un quintal. Elle glisse, impériale et légère, sur l'herbe du jardin pour nous apporter nos verres. Dans sa robe rouge elle est une fée, une vestale antique, et Éloi la suit discrètement des yeux comme on surveille un trésor. Autant Éloi est sec et maigre, autant Aline habite dans un corps aux formes douces et rondes, le genre de femme dont on aimerait qu'elle vous prenne dans ses bras, juste pour se faire consoler.

- Alors c'est toi le nouvel instit ? Tu vas te plaire ici. C'est garanti. Mais goûte-moi déjà cette Cartagène, et ce saucisson de Lacaune. Tu connais Lacaune ? Le pain, c'est Aline qui le fait. Les olives, c'est moi. Sa voix est haut perchée, une voix de ténor, claire et mélodieuse, avec beaucoup de variations dans les intonations. Son débit rapide trahit son excitation joyeuse de rencontrer un nouveau venu au village et son désir de se montrer accueillant.

Éloi n'est donc pas comme les gens « normaux » qui me trouvent stupide de venir m'enterrer dans ce désert. Il a décidé une fois pour toutes que la vie est un festin dont on ne doit pas perdre une miette. Qu'elle est là où on se trouve et se passe maintenant, pas ailleurs ni demain. Pour moi comme pour lui, bien sûr.

Jonas avait raison : Éloi connaît le village comme sa poche, mais aussi les alentours, la garrigue proche, les coins à champignons et même à truffes qu'il cherche « à la mouche », et le ruisseau qu'on appelle le Pradas et qui va gonfler en novembre s'il pleut suffisamment avant la Toussaint. En quelques jours il m'a trouvé une petite maison un peu isolée, à la lisière du village, au bord du Pradas, ce qui explique qu'ici on appelle cet endroit Les Moulines, il y a donc eu sans doute autrefois un moulin à eau ici. Il n'y a pas de douche ni de toilettes mais le propriétaire, un vieil Espagnol que tout le monde appelle Thomas, me propose, sur la recommandation d'Éloi, d'aménager cette baraque comme je veux en échange d'un loyer ridiculement bas. Tope là.

Éloi est employé chez un patron, mais il me propose de prendre en charge les travaux indispensables après sa journée, une ou deux heures par-ci par-là, tu verras, ça ira vite. Un peu de beurre dans les épinards ne se refuse pas, pour lui qui est payé au S.M.I.G.

J'aide comme je peux, je fais le grouillot, qu'on appelle ici le gafet. Éloi chante ou siffle en travaillant, abat le travail avec une efficacité stupéfiante, maçonnerie, plomberie, il sait tout faire. Il m'invite de plus en plus souvent, après ce qui n'est pour lui que du petit bricolage, pour l'apéro, presque toujours prolongé par une soupe et un morceau de fromage. Je me sens adopté. Aline ne dit presque rien, elle est simplement là, bienveillante, un peu amusée, parfois, en nous regardant.

Et nous parlons. Pas vraiment voyeur ou touriste, je ne suis pas à l'extérieur de cette soirée d'automne, j'en suis membre à part entière, et c'est une véritable amitié qui se cherche là.

Mais ce que me raconte Éloi l'ouvrier maçon est tellement extraordinaire à mes oreilles de citadin relativement instruit que de retour dans mon château, comme l'a baptisé Éloi, je note tout ce que j'ai pu retenir et je construis ainsi un échafaudage compliqué et passionnant qui s'appelle une vie. Ce n'est pas la mienne, ça me repose.

# 3

Son père Ferdinand a passé sa vie d'adulte à trimer aux Salins du midi. Il fallait bien des bras pour élever ces montagnes de sel qu'on voit de la route quand on passe près de la mer, du côté d'Aigues-Mortes. Aujourd'hui, c'est mécanisé, mais du temps de Ferdinand, dans les années 50, on passait huit heures par jour pieds nus dans l'eau saturée de sel, en plein soleil en été ou dans la morsure du vent du nord glacial en l'hiver, les pantalons mouillés retroussés aux genoux. La famille habitait alors par commodité à Mauguio.

Quand le médecin lui a interdit de continuer ce travail inhumain, c'était trop tard, il n'était plus bon à rien d'autre qu'à rentrer au pays natal et tourner en rond dans ce village circulaire en attendant la fin. Oui, à Blomilhac, si on marche droit devant soi en suivant la rue principale, on se retrouve au point de départ. C'est une particularité de l'urbanisme traditionnel de nombreux villages du Midi, dont les rues forment des cercles concentriques, avec le plus souvent l'église au centre. En général, ces villages dits circulaires sont bâtis sur une colline, un puech en occitan. Blomilhac a l'originalité d'être sans relief, posé bien à plat dans la plaine, ce qui, m'expliquera Éloi, les yeux brillant d'enthousiasme, est un avantage considérable quand on pousse une brouette chargée de sable ou de gravier. Certains passent leur vie à se désoler de vivre dans un trou perdu et à rêver de partir le plus loin possible, lui est inconditionnellement amoureux de son village !

Éloi parle très peu de son père, il se dispute souvent avec lui mais l'aide quand il le faut, répare son toit ou change le carreau cassé. Il lui reproche peut-être d'avoir accepté cette vie d'esclave, d'être resté toute sa vie enfermé dans une petite boîte grise, petite vie d'ouvrier qui n'a jamais voyagé, à part un aller-retour à Sedan pour la drôle de guerre qui n'avait rien de drôle ni d'héroïque, n'est jamais allé au cinéma, n'a jamais lu de livre, a accompli son devoir de mari et de père nourricier sans jamais se révolter, rêver, pleurer. Et surtout, n'a pas incité ses deux fils à sortir de cette ornière. Pour lui, un fils d'ouvrier est ouvrier. Même pas fier, seulement résigné.

Le frère aîné d'Éloi, Georges, a compris et accepté la leçon. Il a passé le concours d'entrée aux P.T.T. sans qualification et passe ses journées à vérifier et parfois changer les poteaux téléphoniques en bois qui bordent les routes. De temps en temps, il laisse dans le fossé un poteau à peine abîmé qu'il vient de changer et passe le récupérer le soir après le travail, pour construire une petite cabane à outils dans son petit jardin. Petite incartade, petits arrangements avec la morale, il faut bien trouver des compensations quand on a un chef d'équipe stupide et autoritaire...

Éloi a rué joyeusement dans les brancards dès l'adolescence. Sans colère, sans révolte, sans la moindre hésitation, comme on préfère évidemment le soleil à la pluie. Il serait libre et heureux quoi qu'en disent ses parents, son frère, ses oncles et tantes, le village, le monde entier.

# 4

Sa première décision, à quinze ans, a été de fuir le collège immédiatement après le B.E.P.C. Il savait lire, écrire et compter, et avait chanté la Marseillaise le jour de l'examen, avec beaucoup d'entrain et une voix très juste. Un atelier de tricotage s'était installé à cinq kilomètres de Blomilhac, en pleine campagne, et on recrutait. Éloi s'est présenté le jour de ses seize ans au bureau de la « S.A. Tricotages du Languedoc ». La personne qui l'a reçu, une secrétaire minuscule presque entièrement cachée derrière une montagne de dossiers, a cru à une blague :

- Mais il n'y a que des femmes qui travaillent ici !

Éloi ne s'est pas démonté, il a répondu simplement – Et alors ? – et on l'a accepté. Un mois sans salaire pour se former, puis le S.M.I.G. pour 40 heures hebdomadaires à se casser le dos devant une machine à tricoter vétuste, car bien sûr on confiait les machines récentes aux employées expérimentées. Les Tricotages du Languedoc produisaient quelques pulls pour homme, des gilets et des vestes pour femme, des écharpes, des gants, et un grand choix de chaussettes. Éloi n'a jamais rien fabriqué d'autre que des chaussettes en pure laine, solides et bien épaisses, qui étaient principalement achetées par la plupart des compagnies ou écoles de danse de la région, à 100 kilomètres à la ronde.

Mais il était en route, il sortait des rails de la famille et du modèle imposé. Dans cet atelier il était donc le seul homme et il savourait avec malice l'idée que son père serait certainement choqué de le voir exercer un travail de femme. À l'atelier, il chantait parfois et sa voix claire lui permettait de s'attaquer aussi bien aux tubes du hit parade qu'à de vieux chants en occitan. Il racontait des blagues, apportait sa gaîté indestructible, coloriait la grisaille du travail répétitif. Les filles le regardaient en coin, il en retrouvait certaines au bal du samedi soir où il devenait une sorte de mascotte, un type « pas comme les autres », mais agréable à fréquenter.

Il dansait à s'étourdir, et toutes le voulaient comme cavalier. Pas seulement pour sa belle gueule de Jésus nordique, mais de plus en plus parce qu'il était incontestablement le meilleur danseur du canton. Il profitait parfois de l'épuisement d'une de ses partenaires pour continuer seul, en attendant la suivante. Non, il ne faisait pas son numéro, pas le moindre cabotinage dans cette transe joyeuse. Il savait bien au fond de lui que la condition pour bien danser est d'arriver à oublier qu'on est regardé. Et pourtant, on faisait cercle autour de lui, on l'applaudissait même parfois, et sa réaction était alors de faire le pitre pour ne pas être tenté de se croire autre que ce qu'il était, un gars du village, et pour ne pas risquer de trop s'éloigner de ses copains et copines.

Il avait gagné sa première bataille. Il comprenait peu à peu que le conformisme et la peur du qu'en-dira-t-on ne sont pas les bonnes cartes à jouer pour accéder au bonheur.

Le patron, en réalité une femme énorme au doux nom de Madame Bataille, mais on disait toujours LE patron, l'avait adopté, comme tout le monde à l'atelier. Elle lui confiait parfois de petites livraisons qu'il pouvait faire avec sa moto Yamaha 125 cm$^3$ d'occasion achetée à crédit et payée avec ses premiers salaires.

## 5

C'est ainsi qu'un après-midi de décembre, il s'est retrouvé, un sac de 60 chaussettes de danse rouges dans les bras, à sonner à la porte du studio de la compagnie « Label Danse », au dernier étage d'un ancien hôtel particulier avec une porte monumentale donnant sur une cour intérieure et un escalier de pierre en plein centre de Montpellier.

Personne ne venait ouvrir, on entendait de la musique de jazz et la porte était entrouverte. Quand il est timidement entré, c'est l'odeur qui a tout d'abord surpris Éloi. Odeurs de baume du tigre, de crèmes de soin, d'encens, tout un univers olfactif aux antipodes de son monde ouvrier et rural. Puis la luminosité et la propreté de la pièce. Le parquet en bois clair était impeccable, et renvoyait en la réchauffant la lumière du soleil qui entrait par de grandes baies vitrées. Enfin, les yeux écarquillés, il a découvert les corps en mouvement. On pouvait donc un lundi au milieu de la journée, pendant que d'autres trimaient à charrier des brouettes de sel, se consacrer des heures durant à ce qu'il croyait réservé au bal du samedi soir ? Un long moment s'est écoulé avant que la prof ne vienne voir ce qu'il voulait. Il a eu ainsi tout loisir de se rincer les yeux de plaisir. Et il ne pouvait pas s'empêcher de bouger discrètement au rythme de la musique, imitant ces jeunes filles qui protégeaient leurs pieds délicats dans les chaussettes en pure laine qu'il tricotait huit heures par jour.

Il saurait plus tard que la prof s'appelait Astrid. Grande, arachnéenne, les cheveux coiffés en brosse, la peau très pâle et de grands yeux verts, elle donnait l'impression que si elle s'arrêtait d'onduler elle perdrait l'équilibre et s'écroulerait, comme si ses bras immenses lui servaient de balanciers à la manière des funambules. Elle s'est arrêtée à deux mètres d'Éloi et l'a observé sans qu'il s'en rende compte. Quelques secondes ont suffi. Quand il a remarqué sa présence et croisé son regard, elle ne lui a pas demandé ce qu'il faisait là, ce qu'il désirait, mais elle a déclaré avec son drôle d'accent nordique :

- Tu aimes la danse, toi. Ce n'était pas une question, non, mais un constat, une évaluation.

Éloi n'a pas répondu, peut-être n'a-t-il même pas compris cette remarque hors sujet, il a seulement parlé des chaussettes - c'est bien soixante paires, et la couleur, c'est bon ? Il a laissé la facture, a bredouillé qu'il ne voulait pas déranger, dévalé les escaliers, enfourché sa moto et s'est envolé avec elle bien plus haut que la plaine languedocienne et ses vignes, bien plus loin que madame Bataille et son atelier bruyant.

Il ne savait pas alors qu'à sa prochaine livraison, Astrid lui proposerait un cours gratuit à l'essai, et qu'il deviendrait un élève assidu de « Label Danse ».

Après deux ans de tricotage, Éloi a trouvé un travail un peu plus viril, avec le même salaire mais à cent mètres de chez lui au village, comme apprenti maçon. En un an, il est devenu aussi compétent que les deux autres ouvriers de la petite entreprise de maçonnerie générale de monsieur Berteaux qui assure les réparations, les aménagements et, exceptionnellement, la construction de maisons neuves à Blomilhac. Il n'y a pas de concurrence, on ne manque donc pas de travail.

## 6

Après tant de virages, de cols franchis et de descentes joyeuses, me voilà à la veille de la retraite. À cette étape de la vie, la plupart des gens se retournent sur leur parcours, se repassent le film, tentent de trouver une cohérence à toute cette agitation, ou à tout cet ennui, ils vont avec une épuisette à la pêche aux souvenirs avec l'espoir qu'il y en aura à la surface une bonne proportion d'agréables, bien décidés à rejeter tout au fond, sous les algues et dans la vase du cerveau, les erreurs, les fautes, les échecs, les malentendus, les silences coupables.

La question du bilan se pose alors : il y aurait ceux qui ont réussi et les autres. Avec des variantes : ce n'est pas la même chose d'avoir réussi-point-final, que d'avoir réussi dans la vie, ou d'avoir réussi sa vie, réussi à aimer, à être aimé, à être utile…

On considère en général que les gens ordinaires n'ont pas réussi. Ils ne passent pas à la télé, n'ont pas fait fortune, n'ont pas été élus maire ou président.

À Blomilhac, j'ai vécu la plus grande partie de ma vie aux côtés de gens ordinaires. J'ai réussi avec eux à vivre une vraie vie. Et c'est Éloi qui m'a donné la clé qui donne accès à cette vie vraie.

Et voilà qu'il n'est plus là.

À son enterrement, estimant qu'un artiste est la personne naturellement désignée pour traduire et transmettre les émotions, Aline avait demandé à Astrid si elle voulait bien dire quelques mots, ou rendre hommage à Éloi comme elle voudrait. Alors devant le caveau familial au cimetière, sans un mot, sans musique, au milieu de l'assistance endeuillée, elle s'est mise à danser, très lentement, en décrivant des cercles, comme aimait le faire Éloi, et c'était lui qu'on voyait là, à travers ce corps d'une dame maintenant bien âgée, mais danseuse pour toujours. Toujours aussi grande et encore plus mince qu'autrefois, elle avait choisi de porter une longue robe blanche, de sorte qu'on ne voyait pas ses jambes ni même ses pieds. La mythique Pina Bausch qui avait tant compté pour Éloi n'était pas loin. Dans le silence parsemé de rares chants d'oiseaux surveillant la scène du haut des cyprès, les gens se sont écartés, respectueux, ils ont formé un cercle autour d'elle, et il est probable que la plupart des spectateurs, qui n'avaient jamais vu un spectacle de danse, mais connaissaient la passion d'Éloi, ont ressenti là une émotion bien plus forte et juste que celle qu'aurait pu susciter n'importe quel discours.

Pendant tout le temps que nous avons passé au cimetière, comme en écho à la danse d'Astrid, un bel oiseau décrivait de larges cercles haut dans le ciel autour de nous puis s'approchait et restait en vol stationnaire, les plumes de la queue en éventail, en battant rapidement des ailes. C'était le faucon crécerelle d'Éloi, tout le monde au village le connaissait, et je me demandais qui allait pouvoir s'en occuper désormais.

Je croyais connaître Éloi, et j'aurais pu, bien sûr, dire quelques mots pour mon ami disparu. Aline me l'a demandé. Mais j'aurais été ridicule, comme est ridicule et risible un homme que les larmes empêchent de parler, qui hoquette, qui perd sa voix, qui s'excuse inutilement.

Je croyais le connaître mais j'en étais loin : le lendemain matin, c'était un samedi, Aline est venue me trouver. Elle était belle dans son malheur, les traits tirés, fatiguée mais comme toujours forte, prête à reprendre sa vie là où elle en était, sa nouvelle vie déposée là devant elle. Elle m'a remis un gros cahier. C'était un cahier « Clairefontaine » de deux cents pages à couverture cartonnée bleu pâle rayée de bleu foncé, avec les lignes et les trois interlignes ainsi que la marge pour les corrections tracée en rouge. Un cahier d'écolier.

- Voilà ce que j'ai trouvé dans le tiroir de son bureau, sous le livre de comptes que je dois vérifier et clore. C'est Éloi qui a écrit tout ça. Je l'ai lu cette nuit, et, comme tu étais devenu son meilleur ami, je pense que tu dois le lire aussi.

Je comprenais, à la façon dont elle me tendait ce cahier, qu'elle avait été bien secouée en le lisant. Mais elle ne disait rien, et je pressentais confusément que, quand je l'aurais lu, je ne pourrais peut-être pas en parler facilement avec elle.

De nombreuses pages avaient été arrachées. Ce n'était certainement pas Aline qui l'avait fait, elle me l'aurait dit. Cela signifiait donc qu'Éloi s'attendait à ce qu'on lise un jour ce cahier ? Après sa disparition ?

# 7

*Samedi 26 avril 1980.*

*Ce matin, je me suis réveillé en larmes. Aline s'était noyée. On était à la plage, à Valras, et elle était partie nager vers une grosse bouée jaune. Moi, je restais les bras croisés juste au bord de la mer, là où viennent mourir les vagues, les pieds dans l'eau tiède. Je la voyais nager, la brasse comme toujours, lentement, avec application, ses cheveux dénoués flottaient derrière elle. Le vent du sud s'était renforcé et la mer commençait à s'agiter. Aline disparaissait parfois dans le creux entre deux vagues mais continuait sans faiblir sa nage régulière. On voyait pourtant qu'il se passait quelque chose d'anormal : la bouée reculait exactement en même temps qu'elle avançait. La durée pendant laquelle on ne la voyait plus entre deux vagues s'allongeait de plus en plus. Et je me rendais compte que je n'étais pas seul à la regarder s'éloigner. Un attroupement s'était formé sur la plage autour de moi, comme on regarderait passer le tour de France. Plusieurs personnes affirmaient d'un ton péremptoire qu'il n'y avait rien à faire.*

*- C'est pas la première ! disait une grosse femme avec un maillot deux pièces vert bien trop petit pour elle, et sa peau rouge brûlée par le soleil se décollait comme une mue de serpent.*

*- Presque chaque jour, on en voit qui disparaissent, faut s'y faire ! Elle avait l'air de trouver ça normal, sans grande importance. Je détestais son maillot ridicule qui lui entrait entre les fesses. Et j'étais paralysé, incapable de bouger, d'aller sauver Aline, on m'aurait empêché, de toute façon. Il fallait obéir, rester là à attendre que ce soit terminé, qu'elle disparaisse définitivement entre deux vagues.*

*J'étais persuadé en me réveillant que je ne la reverrais jamais. Elle n'était pas dans la maison silencieuse. Je me suis levé comme un pantin maladroit, je continuais à pleurer, totalement désespéré, assis dans la cuisine, incapable d'entrer dans cette maudite journée.*

*Aline est arrivée, fraîche, vivante. Elle était debout depuis un bon moment, elle aime bien se lever avec le soleil dès que les jours sont assez longs. Elle avait déjà préparé le café, était partie comme chaque jour acheter du pain frais. De bonnes odeurs bien réelles venaient chatouiller mes narines. Je ne les avais même pas senties !*

*Sans rien dire, en voyant mon allure de zombie, elle m'a pris dans ses bras, et m'a bercé en répétant Éloi, Éloi, Éloi, et ça devenait une sorte de petite chansonnette, que je connais bien, depuis qu'elle me la chante. Elle sait que je fais des cauchemars, mais ne me demande jamais rien. Je pense comme elle qu'il vaut mieux ne pas raconter ses rêves.*

# 8

Tout Blomilhac est en émoi. Dimanche dernier, il y a eu le mariage de Georges, le frère aîné d'Éloi. Mais c'est Éloi le héros du jour. Après le repas de midi, vers seize heures, quelques jeunes de la classe 50, c'est-à-dire ceux qui sont nés cette même année 1950 et doivent donc prochainement faire leur service militaire s'ils ne sont pas réformés ou sursitaires, sont partis en balade vers le canal, histoire de se rafraîchir un peu et reprendre des forces avant la soirée en musique dans la salle des fêtes. La Cartagène, puis le champagne et la petite goutte de Fine-Languedoc pour finir avaient sérieusement émoussé leur sens de la mesure, ils chantaient à tue-tête des chansons paillardes de circonstance, braillaient serait plus exact.

Le canal d'irrigation qui serpente à travers la plaine passe parfois sous les routes et les chemins de terre grâce à des siphons profonds, et enjambe les ravins creusés par les ruisseaux sur des ponts en ciment, ouvrages d'art plus ou moins impressionnants, parfois de plusieurs centaines de mètres de longueur. À l'endroit vers où la petite bande se rendait, le canal surplombe ainsi le Pradas de quinze à vingt mètres. Le passage sur ce « pont canal » est bien sûr interdit pour raison de sécurité, et il y a une petite rambarde en tube métallique, mais d'un seul côté. En passant sur le pont, le canal devient un peu plus profond et étroit. Mais sa largeur est quand même d'au moins deux mètres cinquante.

L'eau du canal n'est pas froide, après tous ces kilomètres déroulés sous le soleil, et tout le monde s'est copieusement aspergé, a plongé en faisant « la bombe ».

Ça consiste à se jeter dans l'eau, replié en position de fœtus. C'était à qui ferait le plus d'éclaboussures et de bruit.

Alors Éloi, sans la moindre hésitation, sans doute rendu un peu plus audacieux par l'alcool, s'est campé sur le côté du canal où se trouve la rambarde et, sans prévenir, a sauté à pieds joints de l'autre côté. Éloi réalisait ce genre d'exploits sans forfanterie, comme on jonglerait avec deux oranges à la fin du repas, pour le plaisir du jeu. Il estimait n'avoir aucun mérite puisqu'il ignorait totalement le sens du vertige. Il connaissait par ailleurs parfaitement ses capacités, sa force musculaire, son sens de l'équilibre. Il était bien conscient qu'il n'avait pas droit à l'erreur, puisqu'il atterrissait pieds joints sur une surface exigüe sans rambarde à vingt mètres au-dessus du vide, mais il savait qu'il ne risquait rien, voilà ce qu'il aurait répondu si on l'avait traité de casse-cou. Il avait mesuré précisément la distance à franchir, s'était concentré, avait respiré profondément et sauté, tout simplement.

En rentrant au village, Éloi expliqua très sérieusement qu'il avait observé en arrivant sur le pont-canal qu'un fil d'araignée traversait l'eau d'un bord à l'autre, et il s'était demandé comment un si minuscule insecte pouvait réaliser cette prouesse, voler sans avoir d'ailes. C'est ce qui lui avait donné l'envie de sauter !

Monsieur Berteaux, son patron, avait vite remarqué cette aptitude particulière d'Éloi. Chez les maçons, personne n'oserait avouer qu'il a le vertige, handicap rédhibitoire dans cette profession. Éloi était comme ces Indiens qu'on embauche, paraît-il, pour travailler en haut des gratte-ciels de New York, un phénomène de la nature. On plaisantait sur ce sujet et on l'enviait un peu sans doute aussi. On l'appelait parfois l'Indien et ça n'était pas pour lui déplaire.

# 9

*Samedi 17 mai 1980.*

*Je rêve que je rêve. Dit comme ça, ça a l'air idiot, mais c'est pourtant bien vrai. À l'intérieur de mon rêve, il y a un signal, quelque chose qui me dit que je suis en train de retrouver un vieux rêve, comme une chanson connue, une odeur particulière, un travail en cours, comme on retournerait vingt ans plus tard visiter l'école de son enfance. Une histoire interrompue, un livre dont je reprendrais la lecture. Il y a quelque part dans mes neurones un monde secret, souterrain, que je retrouve la nuit et que personne d'autre que moi ne peut connaître. Avec sa logique, ses règles, ses plaisirs et ses peurs.*

*Quatre familles de rêves, principalement, visitent mes nuits : l'eau, les voyages, les souterrains, l'envol.*

*Et ces rêves reviennent régulièrement. Philippe, qui a lu tant de livres savants, chercherait à les interpréter, leur donner une explication, comprendre le message qu'ils m'adressent. Moi je les aime comme ils sont, bien ancrés au fond de moi. Ils me disent que je peux voler si je veux, qu'il y a d'autres pièces cachées sous ma maison, d'autres mondes que je suis seul à connaître. Je m'en souviens parfaitement, d'autant mieux qu'ils reviennent régulièrement, avec des enrichissements et des variantes. Je n'ai donc pas besoin de me lever en pleine nuit pour les noter sur ce cahier.*

*Les rêves de voyages ont deux visages : d'un côté l'excitation et le plaisir de partir loin et longtemps, de l'autre, les problèmes qui surgissent, la panique qui s'ensuit. Dans ce genre de rêves, pas la moindre couleur, tout est sombre et gris. Je dors dans un train bondé, tout le monde autour de moi dort aussi, et je dois changer de train à la gare de X (les villes sont anonymes dans ces rêves) pour aller à Y. Mais je suis seul à descendre, on est au milieu de la nuit, personne pour me renseigner, je traverse des voies ferrées désertes, des quais immenses, je vois le train que je dois prendre, mais il part déjà, je cours, je cours, plus tard je monte dans un autre train qui m'emmène à l'opposé de Y…*

*Une autre nuit, je fais la queue pour obtenir mon billet que j'ai déjà réservé, pour rentrer de Corse, mais il y a des complications, il manque un document, le fonctionnaire devenu soudainement soviétique me dit que je dois renoncer à cet avion, ou à ce bateau, que je n'aurai qu'à prendre le train ! C'est tellement idiot que je me réveille, mes rêves doivent quand même avoir un minimum de logique !*

# 10

Aline regarde Éloi. L'orchestre joue *The dock of the Bay* d'Otis Redding. Le chanteur a un peu de mal à sortir de sa gorge les notes aigües, mais, avec un peu de bienveillance, on peut essayer d'y croire. Les cuivres, par contre, saxo ténor et trompette, reproduisent bien l'ambiance mélancolique de cette chanson. Le pianiste imite même le son des vagues de la mer, comme sur le disque, en soufflant sur son micro. C'est un tempo calme, ni lent ni rapide. Certains danseurs l'ont pris pour un slow et sont partis aussitôt à la chasse du samedi soir, pleins d'espoir. La lumière de la salle s'est éteinte, toutes les audaces sont donc permises. Les filles attendent, l'air faussement indifférent, que celui-ci, vraiment mignon, plutôt que celui-là, qui empeste le parfum, les invite. Les couples se forment, une main sur la taille et l'autre sur l 'épaule, inutile de savoir danser pour le slow, il faut par contre impérativement trouver des sujets de conversation, avoir l'air intelligent, malin, ou drôle.

Éloi considère cette musique comme un rock lent et a invité une grande fille maigre et pourtant incroyablement souple qui s'enroule et se déroule autour de lui sans le perdre des yeux, un demi-sourire de plaisir accroché aux lèvres. Ils se connaissent. Ils ne se sont jamais parlé mais ils ont déjà dansé ensemble. Immobile, elle serait sans doute laide, avec ses cheveux raides, ses taches de rousseur et sa grande tunique vaguement orientale, mais en cet instant elle a de la grâce en guise de beauté. Ils sont les seuls à danser ainsi, sans se tenir enlacés. Leur chorégraphie n'est rien d'autre qu'un cercle, omniprésent, dessiné sur le sol par leurs pas, représenté dans l'air par leurs bras, leur taille, leur tête, l'homme tourne autour de la femme qui lui tourne autour, et c'est sans doute ainsi depuis des siècles, vertige, échappée de soi, invention de gestes insensés, joyeux triomphe du corps, chaleur, plaisir de sentir venir la bonne fatigue des muscles.

Parfois, ils se séparent, comme s'ils oubliaient momentanément l'autre, dansent en solo quelques secondes, et alors on a l'impression qu'ils sont tous les deux partis, envolés, les yeux grands ouverts mais le regard infiniment loin de cette salle de bal enfumée. Et voilà que la fille s'arrête de danser et disparaît dans la pénombre et Éloi continue seul, tout près de l'estrade, un peu dans sa lumière. Un petit bout de mélodie tourne en boucle pour terminer *The dock of the Bay* et Éloi siffle cet air facile avec le pianiste là-haut sur la scène. C'est ainsi qu'il atterrit, son regard perçoit à nouveau la réalité, le musicien qui siffle dans son micro en même temps que lui, les quelques personnes qui le regardent danser et alors, naturellement, il replie ses ailes, ses mouvements rétrécissent peu à peu, il n'a jamais aimé se donner en spectacle. Il est vraiment revenu sur terre quand il croise le regard d'Aline qui ne l'a pas lâché des yeux une seconde et quand il lui rend son sourire.

Aline ne danse jamais avec Éloi. Elle aime bien danser, pourtant, mais « raisonnablement », comme tout le monde. Elle ne peut imaginer partir ainsi tellement loin de la vraie vie, s'échapper corps et âme, devenir oiseau, ange, nuage. Peut-être parce qu'elle sait bien que c'est éphémère et qu'elle craint la dureté de l'atterrissage ? Comme on n'ose pas faire le fou, juste pour un instant, par peur de le rester ?

Alors, elle admire la danse d'Éloi et elle l'attend. Tranquillement, comme tout ce qu'elle fait. Elle sait qu'il ne l'invitera pas à danser le slow, et elle sent que leur rencontre sera compliquée, devra trouver d'autres chemins. Elle sait qui il est parce qu'elle soulage dans son cabinet d'ostéopathe les genoux d'une amie danseuse qui lui a parlé de ce type incroyable qui venait, il y a deux ou trois ans, à Montpellier livrer des chaussettes de danse, que la prof a invité à essayer gratuitement et qui a fini par venir s'inscrire pour un cours hebdomadaire.

- Il habite à Blomilhac comme toi, c'est bien ça ? Je crois qu'il est maçon maintenant. C'est quand même mieux, non ? Avoue qu'un mec qui gagne sa vie en tricotant des chaussettes dans un atelier exclusivement féminin, c'était un peu spécial !

Aline pensait que ce serait compliqué et elle se trompait. Parce qu'elle ne savait pas que pour Éloi, tout était déjà dit dans le sourire qu'ils avaient partagé.

# 11

*Samedi 14 mars 1981.*

*Les rêves que j'aime le moins sont ceux qui ont pour thème l'eau. C'est qu'il y a beaucoup d'eau dans mes rêves. Ce ne sont pas vraiment des cauchemars, juste un malaise, un souci récurrent jamais résolu. Elle monte, l'eau, inexorablement, c'est un sacré problème et je suis bien rassuré quand je me réveille et me répète que ce n'était pas la réalité ! Ces rêves se situent dans plusieurs cadres qui ont à voir avec mes souvenirs d'enfance, quand Ferdinand cultivait encore des légumes au jardin et que je devais, en fin d'après-midi, au moment du coucher du soleil, arroser, emplir d'eau les plates-bandes, détourner, laisser couler, déborder, il y avait ce minuscule canal en ciment de 15 centimètres de côté à peine qu'il fallait nettoyer des saletés qui l'encombraient à l'aide d'une petite pioche qui avait juste la bonne taille. Les rigoles en terre qu'il fallait sans cesse reconfigurer pour orienter le cours de l'eau vers une nouvelle plate-bande ou rangée de plants de tomates. Les pieds mouillés, un peu boueux dans les sandales en plastique transparent qu'on appelait des nouilles, va savoir pourquoi ? Plaisir de voir l'eau couler, sa fraîcheur bienfaisante sous le soleil de juin, et inquiétude de ne pas pouvoir l'arrêter.*

*D'autant que souvent, je bricole quelque chose qui repousse ou camoufle le problème sans le résoudre. J'ai rebouché le trou, colmaté la fuite en sachant bien que ça ne tiendra pas. On va forcément s'apercevoir que je gaspille énormément d'eau pour arroser. Et elle se répand partout inutilement. Je vois très distinctement ces étendues d'herbe verte qui baignent dans l'eau, j'entends le bruit de mes pas qui pataugent là-dedans. Il y a des odeurs dans ces rêves, odeur d'herbe mouillée, de terre, de feuilles d'arbre en décomposition. Maintenant, on n'est plus dans le petit jardin familial, mais en pleine campagne. L'eau vient de loin, elle arrive par des canalisations en mauvais état, elle déborde, je trouve des solutions, mais ça resurgit ailleurs. Je me dis que ce n'est pas grave, mais je sais bien que ça va tout inonder. Il est aussi question des circuits souterrains de l'eau, d'énormes tuyaux, de fuites qu'on ne voit pas sous des trappes refermées pour camoufler l'incident…*

*Dans certains rêves moins bucoliques, les égouts que je retrouve de nuit en nuit vont encore remonter et se mélanger au réseau d'eau potable, ça va puer, et là encore je suis seul à gérer cette question, coupable d'incompétence, impuissant, angoissé. J'ouvre une trappe, j'ai accès à une sorte de puits vertigineux, on n'y voit rien, ça gargouille là-dessous, je conclus que je ne peux rien faire, il ne faut rien dire à personne, je suis le seul à être au courant.*

# 12

La journée a été rude. Après les pluies diluviennes d'octobre, on se souvient que les toits des vieilles maisons ont un besoin urgent de réparations, les cuvettes en plastique dans les greniers ne suffisent plus. Alors, dans le vent et le froid, les maçons en bonnets de laine tricotée par les « Tricotages du Languedoc » sont sur les toits, pour remplacer les tuiles cassées, ou pour des travaux plus sérieux. Les dos sont mis à rude épreuve.

Mais, ce soir, Éloi a filé dès la fin du travail, pris une douche rapide, et sur sa moto il est en route pour le cours de danse du mardi à Montpellier. C'est déjà la cinquième année, et cette bulle d'oxygène hebdomadaire est devenue indispensable à Éloi.

Astrid continue à l'observer avec fascination : elle ne comprend pas que ce qu'elle appelle « Énergie », son Saint Graal jamais vraiment atteint et qu'elle apprend à ses élèves à visualiser comme une grosse boule entre leurs mains tendues vers le ciel au travers d'exercices sophistiqués, n'est rien d'autre pour Éloi que la joie d'être là, l'envie de sentir quelque chose comme de l'électricité qui parcourt son corps et qu'il va apprendre à maîtriser de mieux en mieux.

Éloi ne dit rien dans le vestiaire, juste le minimum, il est un peu gêné de se déshabiller devant tant de belles et jeunes femmes, et il a hâte de danser, alors il fait vite. Aujourd'hui, Astrid leur a demandé de préparer un petit solo. Il y a pensé mais n'a rien préparé. Justement parce qu'il fallait y penser ! Pour lui, la danse ne se pense pas, elle se sent, se vit et s'oublie.

Il passera en dernier. Astrid, en faisant ce choix, sait ce qu'elle fait, elle n'attend plus de surprise de cette panoplie de gestes convenus, maladroitement copiés sur la dernière création de Carolyn Carlson ou de Dominique Bagouet, appris en cours ou en stage. Une sorte de vocabulaire commun. Les élèves sont habiles, agiles, appliqués, certains plus que d'autres. Il y a surtout la peur de mal faire, la conscience d'être regardé et jugé.

Pendant tout ce défilé, Éloi était totalement absent : assis par terre adossé au mur, les yeux grands ouverts mais le regard perdu au loin.

- Éloi ?

Oui, il sait que son tour est venu. Il se sent étranger en ce lieu propre et silencieux. Il n'a jamais dansé sans musique. Il est de petite taille et son premier geste est de se lever, se grandir, étirer ses vertèbres, ses mollets, son crâne vers le ciel. Sa main droite va chercher la lune, les étoiles. Puis il veut aussi tracer de la main gauche un cercle autour de lui. Occuper cette sphère qui l'entoure, la faire sienne. Il a encore les yeux fermés. Il a besoin maintenant de se charger de souvenirs, de rêves, retrouver l'envie, le bonheur de danser. Et le voilà qui tourne lentement, il retrouve cette danse bien à lui faite de cercles, il ouvre les yeux et voit le ciel, la mer au loin, il voit Aline qui lui sourit amoureusement, et son père sur sa montagne de sel. Il va vers lui en hésitant, tourne de plus en plus vite sur place, repart en courant à l'autre bout du plateau, vers Aline... Ça chante dans sa tête, *l'amoureux l'appelle l'amour*, il s'enroule, se déplie... *Ni guitare ni tambourins, pour accompagner sa danse*, il trouve au fond de lui un rythme impératif, évident, éternel, *ainsi certains jours paraît une flamme en nos cœurs, le Soleil l'appelle le jour*, la chanson de Brel le traverse, *sur la place chauffée au*

*Soleil, une fille s'est mise à danser…* il a tant de vie en lui, tant à dire, c'est facile !

Il est trempé de sueur. Tout le monde se douche, se change, mais il reste assis sur le banc, complètement vidé, apaisé et profondément heureux.

Astrid attend que les autres s'en aillent pour lui parler, on la sent un peu troublée, elle s'exprime maladroitement avec sa drôle de prononciation du français, mélange de restes de suédois et d'accent du Midi.

- Éloi, ce que tu nous as montré là, ce n'est pas rien, tu sais ? Peu de gens sont capables de tant exprimer avec si peu de moyens. Je parle de technique, bien sûr. Toi, tu as le principal, c'est le besoin, le désir, l'envie, la force, la sincérité. Tu dois le savoir, et ne pas gaspiller ce talent unique ! Si tu veux, on pourrait...

- Je suis maçon, Astrid, je dois gagner ma vie, je n'ai pas le choix, s'il te plaît, ne me raconte pas de contes de fées !

C'est dit calmement, à voix basse, gentiment, amicalement. Astrid hoche la tête, s'approche d'Éloi et, en déployant lentement son bras immense dans un geste d'une élégance infinie, elle lui caresse la joue du bout des doigts. Elle lui dit ainsi exactement la seule chose possible en cet instant. Mais elle espère bien qu'un jour ils pourront reprendre cette conversation.

# 13

Je n'avais jamais rencontré une personne aussi libre qu'Éloi. Il ne s'agissait pas pour lui de posture intellectuelle, il n'était pas anarchiste, punk, ou ce qu'on appelait alors hippie. Et, s'il laissait pousser sa barbe sans la tailler, c'était simplement par commodité. Sans provocation, il menait sa barque à son gré, se débarrassant chaque fois que c'était possible des conventions sociales inutiles et encombrantes à ses yeux. Mais passer du statut de célibataire logé chez ses parents à la vie en couple dans un petit village serait pour lui une sorte d'épreuve du feu, pourrait-il continuer à n'en faire qu'à sa tête, comme le répétait son frère aîné ?

C'est finalement Aline qui a fait le premier pas, et je sais qu'Éloi était fier d'avoir été choisi par cette princesse, et qu'il ferait tout pour qu'elle continue à le regarder avec ce petit sourire amusé et débordant de tendresse. Elle a pris sa décision un samedi soir au bal, et, sans hésiter, elle lui a demandé dans un sourire s'il voulait bien boire un verre avec elle - tu dois avoir drôlement chaud, à danser comme ça ! - et s'il aimerait faire un tour dehors, dans la nuit fraîche et complice.

Il ne lui a pas fallu beaucoup de temps pour comprendre qu'elle l'aimait sincèrement, il accepta sans hésiter ce cadeau du destin, et décida qu'il serait l'homme qui la méritait.

Il trouva très vite au cœur du village un appartement à louer avec un jardinet protégé du soleil par un énorme tilleul, et annonça à ses parents qu'il quittait la maison familiale pour aller vivre avec Aline.

- Non, on va pas se marier, répondit-il aussitôt à sa mère. On s'aime et ça nous suffit.

- Mais tu sais bien comment sont les gens, attaquait son père, ils vont la traiter de pute, et toi de voyou !

- Les imbéciles penseront ce qu'ils voudront, et s'ils ont quelque chose à me dire qu'ils viennent ! On fait de mal à personne, qu'on nous foute la paix.

Sa mère versa quelques larmes, son père resta fâché une semaine, et le village, qui respectait avant tout ses qualités de travailleur et appréciait la bonne humeur communicative d'Éloi, accueillit finalement le nouveau couple sans trop de persiflages.

Ceux que ce concubinage choquait se contenteraient de répéter que décidément ce sacré Éloi ne fait rien comme tout le monde, c'est un vrai original !

Ferdinand n'avait plus ses fils à la maison, et, avec son caractère de cochon, il rechignait à leur demander de l'aide. Georges et Éloi se débrouillaient pour passer régulièrement voir leurs parents, vérifier discrètement que tout fonctionnait normalement, changer les ampoules électriques, la bouteille de gaz, bavarder un moment… Ils avaient réussi à convaincre Ferdinand de ne plus conduire la vieille 203 Peugeot break cabossée à la couleur indéfinissable et dont le plancher troué par la rouille à la place du conducteur avait été renforcé par une plaque de contreplaqué. Invendable, elle finirait sa vie au cimetière des voitures.

Seul face à sa femme silencieuse qui ne l'écoutait même plus ressasser ses litanies de griefs contre le monde entier, il se laissa lentement mourir sans faire d'histoires et on l'enterra l'année de mon arrivée à Blomilhac. Tout le village était là pour saluer sans trop de débordements émotionnels le départ d'un homme ordinaire qui avait eu la décence de ne pas s'attarder inutilement sur terre et qu'on oublierait vite. Par respect pour sa mère, Éloi n'avait pas eu le cœur de refuser d'entrer dans l'église. Il n'y avait pas mis les pieds depuis l'âge de dix ans, et avait complètement oublié que les femmes devaient se couvrir la tête d'un foulard ou d'un chapeau alors que les hommes devaient ôter le leur, ce qu'il trouvait ridicule et absurde. Sa tante dut discrètement lui rappeler d'enlever son bonnet de laine. Il faisait froid dans l'église et l'assistance sortit avec plaisir dans le pâle soleil de février pour se rendre à pied au cimetière proche.

Selon l'usage, Éloi, sa mère et son frère se tenaient devant la porte pour recevoir les condoléances de chacun, dans un lent défilé de paroles marmonnées et de regards compatissants. Aline, peut-être parce qu'elle n'était pas l'épouse légitime, était dispensée de cette corvée. Elle attendait un peu plus loin avec quelques amis, le petit Paul dans les bras. Éloi était le seul au milieu de ce cérémonial sans âme à pleurer sans se retenir, sans s'essuyer les yeux, totalement indifférent au monde des vivants. C'est seulement en sentant la morsure du mauvais vent d'hiver sur ses joues mouillées qu'il frotta son visage d'un revers de manche, dans un geste d'enfant puni. Le corbillard glissait sans bruit au pas du cortège qui semblait flotter à la surface de la rue, mais le son de la terre tombant sur le cercueil de sapin effaça brutalement le silence et ramena tout le monde à la réalité de la page qui venait d'être tournée.

Éloi le maçon vit donc avec une ostéopathe. Ses amis se retrouvent au café de la place après le boulot et la douche. Ils portent des chemises légères, les boutons du haut sont défaits pour qu'on voie bien les poils virils de leur poitrine. Ils n'ont jamais froid, comme s'ils avaient emmagasiné de la chaleur tout au long de leur journée de travail. Ils boivent du pastis, parlent fort, font des plaisanteries un peu grasses qui font de moins en moins rire Éloi. Alors, il s'éloigne peu à peu, il change de monde, mais sans rupture, il garde de la tendresse pour cette légèreté de vivre, cette chaleur du cocon villageois. Il tente seulement d'entrevoir cet ailleurs, cet autrement dont il soupçonne l'existence, et qui l'attire irrésistiblement.

Les amis d'Aline jouent au tennis, ils vont l'hiver à Font-Romeu faire du ski, et l'été à Gruissan essayer leur nouvelle planche à voile. Aline les trouve un peu ennuyeux. Elle a mené sa bataille, réussi son bac avec mention et sa mère en a pleuré de joie. Son père, un républicain espagnol chauffeur de camion, était mort de toutes sortes de maladies quand elle avait dix ans. Le bac à dix-sept ans, puis les études de kiné payées par ses économies accumulées grâce à des petits boulots d'été, celles de sa mère et une vie de privations. Et aussitôt s'installer à Pézenas, travailler tout en se formant à l'ostéopathie. Elle exerce enfin le métier qui lui plaît et elle a trouvé l'homme de sa vie. Au village, on dit qu'il est excentrique, oui c'est vrai, il est en dehors du centre, c'est ce qui lui fait un peu peur mais attire irrésistiblement Aline. Elle le regarde et comprend bien qu'il n'est pas du même milieu. Mais de quel milieu est un ouvrier maçon qui fait de la danse contemporaine ? Il sent le regard d'Aline et sait confusément que tant qu'elle le regardera avec ce sourire étonné, elle sera à lui.

Un soir, il m'a demandé si je jouais au tennis, et si ça me plairait d'essayer avec lui. Il avait déjà pris la carte du tennis-club du village. Il a apporté deux vieilles raquettes trouvées dans un grenier du village et nous avons passé deux heures à transpirer sous un ciel de plomb. Et ainsi pendant quelques semaines. Éloi apprend tout très vite, et la chance qu'il a d'être ambidextre lui permet de tenir sa raquette d'un côté ou de l'autre selon la nécessité du jeu. J'avais joué un peu quand j'étais étudiant, et je n'étais pas trop mauvais mais il m'a vite rattrapé et dépassé.

Il a aussi acheté un cheval à un riche client de son patron, un Camargue paisible qui se laissait monter sans protester. Avec son énergie habituelle, il s'est fait prêter un champ par son oncle, l'a clôturé, et y a construit un abri avec quelques planches récupérées sur les chantiers pour y installer Bijou. Sans la moindre notion d'équitation, d'ailleurs, il n'aurait même pas imaginé qu'on doive prendre des cours pour monter sur un cheval, il partait pour de longues chevauchées solitaires dans la garrigue des collines proches. La petite taille du cheval faisait oublier le mètre soixante d'Éloi, et lui donnait, avec sa barbe et ses cheveux au vent, une fière allure de gardian camarguais. Aline n'avait jamais la moindre inquiétude, n'imaginait pas une seconde qu'il puisse faire une chute grave, et regardait toujours rentrer son homme à la maison avec le même sourire ironique et amoureux.

Nous nous sommes vite lassés du tennis. Le court était de plus en plus poussiéreux, le soleil brûlant, et il n'y avait aucune chance que les collègues d'Aline viennent un jour jouer à Blomilhac ! Quant à elle, elle n'est pas venue une seule fois assister à nos matches laborieux, et quand Éloi, en nous servant un apéro bien mérité, lui annonça triomphant qu'il m'avait gagné en deux sets, elle s'est contentée de sourire en lui demandant d'aller chercher des glaçons pour le pastis.

Elle gardait au fond d'elle les images d'Éloi qui dansait autrefois le samedi soir au bal, quand elle le regardait inlassablement, attendant d'être sûre que c'était bien lui qu'elle voulait, parce qu'il n'était pas comme les autres, parce que justement il ne cherchait pas à se rapprocher d'elle, parce qu'elle imaginait que ces bras qui bougeaient si bien dans le vide le feraient encore mieux en l'enlaçant.

Aline Sanchez portait son nom espagnol avec fierté, tentait de se fabriquer une image de son père à l'aide des quelques souvenirs d'enfance qu'elle avait conservés et avec les quelques bribes de vie que lui avait transmises parcimonieusement sa mère. Elle aurait pu rester pauvre, et si elle avait un bon métier, elle savait bien les efforts que ça lui avait coûtés. Elle ressentait sans le moindre doute de quel côté elle penchait et n'avait donc aucune envie de faire partie du monde des joueurs de tennis fréquentant les clubs hippiques.

Mais, à la différence d'Éloi, elle cantonnait son univers mental à l'intérieur de limites bien précises. Sa curiosité ne devait pas la mettre en danger, et elle a toujours refusé avec un sourire désolé de lire les livres sur la Retirada que je voulais lui prêter, dans l'idée de l'aider à retrouver la piste de son père fuyant Franco, l'espoir brisé. Je savais qu'il avait été enfermé en 1939 au camp de Rivesaltes et c'est sans doute là, dans le froid et le manque d'hygiène, qu'il avait attrapé les maladies qui ont fait de lui un homme bien trop fragile pour supporter longtemps la mélancolie de l'exil.

# 14

*Samedi 19 septembre 1981.*

*Dans ce rêve, c'est le matin, très tôt, personne n'est levé. Ambiance agréable, fraîcheur, brise légère, une belle journée commence. Je suis nu, comme souvent dans mes rêves, sans doute parce que je n'ai jamais porté de pyjama, c'est bien sûr un peu gênant, mais pas trop, puisqu'il n'y a personne dans cette scène.*

*Je dois rejoindre une chambre inoccupée pour y chercher mes vêtements, en entrant par la fenêtre de l'ancien pigeonnier, cette chambre la plus haute de la maison, nichée sous le toit. Je viens d'une autre chambre aussi haute, dans une autre aile de la vaste maison, on ne peut pas la voir dans ce plan, comme si la caméra était derrière moi, regardant dans le même sens que moi. Je vole. J'ai l'habitude, je n'en suis pas surpris. Ça me demande un certain effort, une sorte de tension continue qui me maintient en l'air. Parfois, j'aimerais m'élever davantage, mais je ne suis pas sûr que je pourrai. De là-haut, je contemple le ciel, l'horizon, je découvre qu'alors qu'il fait beau ici, le ciel est très sombre sur l'est. De fortes pluies vont arriver, c'est un peu inquiétant.*

*Sur le toit que je survole, quelques mètres sous moi, il y a un loup. Je le connais, je sais qu'il rôde par là, je l'avais déjà vu. Il est arrêté, on se regarde. Je n'ai pas peur puisqu'il ne peut pas m'atteindre. Il le sait, il est d'ailleurs très calme, mais son regard est bien celui d'un loup dangereux. Il est complètement noir, avec de grandes oreilles dressées. J'avance lentement, en planant, je me rapproche du loup, et, soudain, il fait un saut très souple, acrobatique, silencieux comme un chat, pour atteindre un pan de mur qui le rapproche de moi. Il se rattrape en s'agrippant aux pierres, et j'entends le crissement de ses griffes sur le ciment du mur, j'en conclus que je dois m'élever un peu, fournir un effort supplémentaire pour rester hors d'atteinte. Étrange sensation : j'ai peur du loup, c'est normal, tout en étant tranquille, rassuré, certain qu'il ne pourra pas m'attraper puisque je sais voler.*

*Je sais bien que les vrais loups sont gris. C'est le Grand Méchant Loup qui est noir, je retombe en enfance dans mes rêves !*

# 15

Éloi ne s'envole pas, comme dans ses rêves qui reviennent souvent, mais il grandit, il pousse, attiré par le Soleil et arrosé par la vie dont il dit : elle est belle, la vie, et on n'en connaît pas le quart !

Ses pieds sont bien agrippés au sol. Il est immensément riche de cet ancrage. Il ne m'a pas fallu longtemps pour comprendre que les quelques livres que je lui prête et qu'il dévore goulûment ne pèsent pas lourd à côté de la somme de ses connaissances pratiques.

Alors, naturellement, je l'ai invité dans ma classe, un matin d'avril, pour une demi-heure de conférence sur son métier. Bien sûr, le mot n'a pas été prononcé, je lui ai sans doute seulement demandé s'il voulait bien venir tout simplement nous parler de son travail. Il avait commencé par refuser, objectant que c'était stupide, qu'il n'avait rien d'intéressant à apprendre aux enfants, mais mon insistance et la confiance qu'il me faisait de plus en plus l'ont emporté. La plupart des enfants le connaissaient, mais le voir dans la classe, encore plus intimidé qu'eux dans sa chemise blanche bien repassée, a créé une qualité de silence et d'écoute étonnante. Quelque chose d'inhabituel allait se passer ce matin !

Il a commencé par écrire au tableau quelques mots spécifiques de son métier, en demandant aux enfants s'ils les connaissaient. Ciment, mortier, béton, plâtre, truelle… Mais, très vite, à partir de chaque mot, c'est une histoire passionnante qui commençait.

- Qui peut me dire d'où vient le sable ?

- De la plage de Sérignan ! De l'Hérault ! De la sablière de Cablat ! Les réponses fusent, certains disent Monsieur, d'autres Éloi, d'autres Monsieur Éloi…

- Si tu fais du mortier avec du sable de la plage, il ne sera pas solide parce que ce sable contient du sel. Ou alors, il faudrait le laver, et c'est compliqué. J'ai réparé à Sérignan des maisons qui s'écroulaient parce que les maçons avaient utilisé du sable de mer sans le rincer. Non, nous on utilise du sable de rivière. Et, dans le sable de l'Hérault, vous savez ce qu'on trouve ?

Et voilà Éloi parti ! Il nous embarque, les enfants et moi, dans une histoire passionnante. On y trouve Jason et sa toison d'or, dont la légende, comme souvent d'après le professeur Éloi, repose sur une réalité historique : on a toujours cherché de l'or dans les rivières du Caucase, dans une région, la Colchide, qui correspond à peu près à la Géorgie actuelle. Ceux qui se consacraient à ce travail s'appelaient, comme encore aujourd'hui, les orpailleurs. Éloi écrit le mot au tableau.

- Ils déposaient une peau de mouton avec la laine, bien sûr, au fond de la rivière et l'or s'y déposait naturellement parce qu'il est plus lourd que le sable. Il suffisait de secouer ensuite la toison pour récupérer l'or. Et vous savez qu'aujourd'hui encore des orpailleurs font la même chose ? J'en ai rencontré un l'an dernier qui m'a expliqué qu'il va voir les sablières, et il demande la permission de déposer des morceaux de moquette sur les tapis roulants qui transportent le sable vers les tamis géants. De minuscules pépites d'or s'y font piéger, et il les récupère le soir.

- Monsieur, Monsieur, Monsieur Éloi, on peut en trouver, nous aussi ? La classe s'excite, Éloi jubile, se détend, se prend au jeu.

- Oui, mais très peu. Ce type dépose des kilomètres de moquettes pour quelques grammes en une année de travail. Il n'est pas riche, je t'assure, et il trouve beaucoup plus de plombs de pêche que d'or ! Et si tu vois quelques paillettes qui brillent au soleil dans le sable, au creux de ta main, la prochaine fois que tu iras te baigner, ce sera sans doute du mica. Mais quand même – et là, Éloi m'assène le coup de grâce – c'est pas par hasard que le mot Hérault vient du latin aurum qui veut dire or.

Mais où a-t-il appris tout ça ? J'avais prévu une séance d'une demi-heure, et il a tenu la classe plus d'une heure !

Pour finir, il fallait une pirouette, là encore pour ne pas paraître trop savant, trop prétentieux. Éloi ne peut s'empêcher de faire le pitre :

- Et alors ? Et à l'or y a pas de la rouille !

Les enfants ont mis quelques secondes à comprendre la blague idiote, qui est devenue la rengaine incontournable de l'année dans la cour de l'école, surclassant largement l'autre galéjade en cours ces années-là grâce à la chanson d'Henri Salvador :

Et alors, et alors ?... Zorro est arrivé-é-é...

# 16

Aline avait parmi ses patients quelques occitanistes fervents. L'un d'entre eux, secrétaire de mairie à Sérignan, lui parlait souvent avec passion des Cathares pendant qu'elle tentait de remettre en état ses cervicales rouillées, et, sentant que le sujet l'intéressait, il lui avait prêté un livre très bien documenté écrit par une historienne médiéviste d'origine russe, Zoé Oldenbourg. Et bien sûr c'est Éloi qui, le premier, avait lu *Le bûcher de Montségur*.

Dépassant avec érudition et rigueur l'enthousiasme romantique - et touristique - en vigueur chez les visiteurs qui encombraient les parkings et les boutiques de souvenirs au pied des ruines du château de Montségur, ce livre montrait que les Cathares, des fanatiques végétariens, étaient de vrais fous, leur foi empruntant aux manichéens et autres Bogomiles d'Europe centrale la conviction que tout le monde réel, y compris l'être humain, était l'œuvre de Satan et que seule la pureté des Cathares leur permettrait de retrouver le « Dieu bon » dans l'au-delà. Et certainement pas sur terre. La joie de vivre n'était décidément pas ce qui les caractérisait !

Mais, en même temps, leur épopée héroïque, leur opposition au pouvoir du pape et du roi, la violence guerrière de la croisade des Albigeois, puis l'horreur de l'Inquisition et leur extermination finale sur les bûchers de Minerve et de Montségur, tout cela était exaltant et les rendait globalement sympathiques !

Éloi, l'enfant du pays, ressentait profondément cette aspiration à l'identité méridionale qui se nourrissait du rejet du centralisme parisien arrogant, assimilé par certains militants occitanistes à une forme de colonialisme. Il lui était arrivé de participer à des bagarres à l'occasion des fêtes de village entre les « Parigos-tête-de-veau » en vacances d'été au camping de Valras-Plage et les gars du coin. Il n'allait pas jusqu'à se revendiquer Occitan, un truc bon pour les citadins intellos, mais il parlait naturellement patois, parfois sans même en être conscient.

Et c'est ainsi que par addition, superposition et assimilation d'épisodes historiques pourtant bien disparates, incluant les révoltes des viticulteurs en 1907 qui avaient donné et laissé sa couleur au « Midi rouge », les camisards en Cévennes, en remontant jusqu'au massacre de Béziers avec le fameux « Tuez-les tous, Dieu reconnaîtra les siens ! » et le bûcher de Montségur, Éloi, comme beaucoup de Languedociens, ressentait une certaine fierté de la différence assumée que lui apportait tout cet héritage.

Il était question dans le livre de Zoé Oldenbourg des châteaux cathares, et la curiosité du maçon était piquée par l'évocation d'une architecture très particulière, de certains secrets de construction comportant des éléments peut-être ésotériques, en tout cas certainement instructifs pour Éloi qui devenait peu à peu spécialiste de la restauration des vieilles maisons de Blomilhac, un art bien plus épanouissant pour lui que la construction ultra-rapide de villas vendues « clés en main », sans aucun caractère.

Un dimanche matin de la fin du mois de mai, il a donc emmené sa petite famille visiter les châteaux de Quéribus et Peyrepertuse, proches l'un de l'autre, dans les Corbières, au nord-ouest de Perpignan. On visiterait

Quéribus le matin, on trouverait un coin ombragé pour le pique-nique et on irait voir Peyrepertuse l'après-midi.

Le petit Paul n'avait pas encore cinq ans. Éloi, chef de famille fier et joyeux, le portait donc sur son dos, et Aline, en tenue de sport, resplendissait sous son chapeau de paille parmi la cohorte de touristes multicolores.

Le soleil était encore amical, et le choix de profiter de la fraîcheur matinale pour commencer par Quéribus s'est avéré judicieux, le chemin d'accès depuis le parking, à la lisière de Cucugnan, n'étant pas ombragé. Planté solitaire et fier sur un pic abrupt comme une provocation, une folie des hommes, Quéribus est peut-être le mieux conservé des châteaux cathares même si, comme le leur apprit un touriste érudit et bienveillant, ce qu'on voyait là était le fruit de restaurations successives au cours des siècles. Éloi ne disait rien, admirait les voûtes élancées, l'énorme colonne au centre du donjon, l'escalier à vis, tentait d'estimer l'épaisseur des murs, il palpait, effleurait, caressait les pierres, grattait de l'ongle le mortier pour en comprendre la composition.

Aline était restée avec Paul dans la fraîcheur du donjon dont elle continuait à admirer l'entrelacs des voûtes pendant qu'Éloi montait sur la terrasse.

Ce qu'il ressentit, en posant le pied sur le sol d'énormes dalles de pierre, et en commençant à parcourir du regard l'immense panorama qui s'offrait à lui, n'était pas du vertige, un mot totalement étranger à son vocabulaire. C'était plutôt comme une surabondance d'air dans ses poumons, une orgie d'espace dans sa tête, le surgissement de tous ses désirs à l'air libre.

Tournant le dos aux quelques touristes qui avaient bravé le vent du matin et la peur de trébucher dans l'escalier raide et étroit, il ne put s'empêcher de tendre les bras vers le ciel, tourner sur lui-même comme s'il allait tomber, se redresser, fermer les yeux en dessinant avec ses bras des figures géométriques mystérieuses, faire peu à peu danser tout son corps pendant quelques minutes. C'était sa façon à lui, le mécréant, de prier, c'est-à-dire d'exprimer sa gratitude et son adoration devant le mystère de tous ces cadeaux de la vie. On s'écartait peu à peu pour lui laisser la place. L'érudit, qui avait révélé tout à l'heure l'histoire des restaurations successives du château, s'inquiétait de voir Éloi s'approcher du bord de la terrasse. Une dame en robe longue demanda à sa voisine s'il s'agissait d'une animation prévue dans le prix du billet, et comme c'était peu probable, peu à peu, tout le monde s'éloigna discrètement de cet évènement incongru et un peu gênant, peut-être dangereux ?

Seul, sa danse accomplie, les cheveux et la barbe hirsutes au vent, Éloi put alors chercher à reconnaître au loin les Pyrénées encore couronnées de neige d'un côté, la Méditerranée de l'autre, et même, assez proche à vol d'oiseau, le château de Peyrepertuse qu'ils allaient rejoindre cet après-midi. Aline l'attendait.

- Alors, ça valait le coup d'œil ? Elle ne lui demanda pas pourquoi il était resté si longtemps là-haut.

Il était temps de partir à la recherche d'un joli coin ombragé et tranquille pour déjeuner dans l'herbe, s'offrir une petite sieste avant la visite du deuxième château.

Pour attirer les touristes, on avait imaginé d'installer dans l'enceinte de Peyrepertuse des cages avec de grands et beaux rapaces, faucons, buses, aigles, éperviers, et un dresseur d'oiseaux, un fauconnier, venait chaque après-midi proposer au public un spectacle qui consistait simplement à envoyer certains de ces grands oiseaux faire un vol au-dessus de la vallée. Peyrepertuse est situé, comme tous les châteaux cathares, sur un pic, presque aussi abrupt que celui de Quéribus, mais plus vaste, surplombant une large vallée, avec une vue magnifique sur les Pyrénées au fond du tableau. En revanche, ce site magnifique n'a plus de château que le nom : il n'y a pas eu de restauration importante ici.

Le public s'installait sur les pierres de ce qui restait des anciens murs d'enceinte. Le fauconnier, qui s'avérait être un comédien conteur en costume d'époque, avant de commencer son spectacle, donnait les consignes : ne pas faire de gestes brusques, ne pas crier, et ne pas manifester sa peur, même si, au retour de son périple, un oiseau les survolait en rase-mottes pour venir se poser sur son avant-bras équipé d'une épaisse protection de cuir.

Aline s'occupait de donner son goûter à Paul, elle avait trouvé entre deux pans de murs un recoin tranquille, à l'ombre, et Éloi, qui ne voulait pas rater le spectacle, s'était approché du dernier mur juste au-dessus du vide.

Les histoires que raconte le fauconnier font une sorte de musique qui n'atteint pas Éloi. Comme un fidèle qui se prosternerait devant le mystère divin, posté au bord du précipice, il attend le premier oiseau qui va réaliser ce qu'il retrouve en rêve presque chaque nuit depuis des années. Il se redresse, étend les bras, lève les yeux au ciel et, il en est certain, le miracle va se produire là, encore une fois...

- Hé ! Monsieur, s'il vous plaît, ne faites pas de grands gestes, je vous l'ai dit, ça perturbe les rapaces !

Le fauconnier resta aimable, mais il devait accomplir le travail difficile pour lequel il était payé, et on le sentait irrité. Éloi baissa les bras, regarda machinalement vers le public, comme un somnambule qu'on a réveillé brusquement. Il avait l'air vraiment bizarre, à tel point qu'une dame coiffée d'une casquette ridicule lui demanda s'il se sentait bien et lui proposa de boire un peu d'eau. Sans répondre, il partit rapidement un peu plus loin, là où on ne le verrait pas, mais où il pourrait continuer à tenir compagnie aux rapaces dont on percevait, dans les courts instants de silence au milieu des bavardages et des exclamations des touristes, le bruit de l'air dans leurs ailes. L'aigle, surtout, était impressionnant, par la différence entre sa taille au repos, perché humblement sur l'avant-bras du fauconnier et l'envergure majestueuse de ses ailes grises et noires déployées atteignant plus de deux mètres. Et Éloi ne comprenait pas pourquoi un misérable morceau de viande suffisait à faire toujours revenir ce roi du ciel vers son maître et sa cage, frôlant en un ample virage d'atterrissage les têtes des spectateurs qui jouaient à être terrorisés.

Il était dans le ciel avec l'aigle, tellement loin de la poussière des chemins serpentant entre les vignes qu'on distinguait tout en bas, il sentait nettement l'air frais qui le portait, il tournait son buste en même temps que lui pour négocier un large virage et, quand il se retrouvait face au vent, il savait comment il allait s'élever aussitôt dans le ciel, toujours plus haut, avec une facilité incroyable !

C'est Aline qui l'a vu la première. Laissant Paul à la garde d'une femme avec qui elle avait sympathisé sur le chemin du château, elle était partie à sa recherche. Elle soupçonnait qu'il s'était écarté de la masse des touristes, comme il le faisait souvent, et elle commençait à soupçonner que ces derniers temps quelque chose de dangereux, dont elle ne savait encore rien, s'emparait d'Éloi.

Elle s'approcha doucement derrière lui sans qu'il la voie, le saisit par la taille en le serrant de toutes ses forces, au moment où il allait s'envoler. Sans le lâcher, avant qu'il ne se retourne vers elle, elle se mit à rire en répétant son nom, Éloi, Éloi... ! puis en en faisant une sorte de petite comptine, comme chaque fois qu'il faisait quelque chose d'excentrique, comme si rien n'était grave, comme si tout ce qui arrive dans la vie pouvait être une bonne blague.

Il a fallu à Éloi quelques secondes pour revenir sur terre, se laisser pénétrer par la chaleur des bras d'Aline, savourer son étreinte, se retourner lentement en souriant, - ha ! Tu es là ? - et retrouver le bonheur de l'embrasser longuement en silence.

## 17

Ce matin, la grande place de Blomilhac était jonchée d'écorces de platane. Des morceaux parfois assez grands, de trente à quarante centimètres, comme des plaques de carton gris clair. Peu à peu, piétinées par les enfants qui se réjouissaient du bruit qu'elles produisaient en craquant sous leurs pieds, elles perdaient forme et devenaient des tas de saletés que les employés municipaux devraient balayer en rouspétant comme d'habitude contre ce supplément de travail imprévu.

C'était arrivé soudainement, avec la chaleur féroce de l'été qui avait tardé à se déclarer après un printemps frais et pluvieux, mais qui se rattrapait sans pitié en ce milieu du mois de juin. En deux jours, les arbres s'étaient déshabillés, aurait-on dit, comme nous qui sortons chaque année les chemisettes d'été des armoires, comme les chiens qui perdent leurs poils et les serpents qui muent. C'était troublant de voir leur peau blanchâtre, leur nudité, en somme. Comme si leurs formes arrondies, leurs cicatrices et leurs protubérances maladives devenaient tout à coup trop visibles, impudiquement débarrassées de l'écorce grise.

- On n'a jamais vu ça ! disait la boulangère - c'est pas normal, d'habitude ils perdent l'écorce tout au long de l'été, pas en un seul jour ! Et chacun y allait de son commentaire, sur le temps qui est détraqué depuis qu'ils balancent n'importe quoi dans le ciel - d'ailleurs, maintenant, y a plus de saisons ! Et les abricots ont un bon mois d'avance, et attends, bientôt, on vendangera en août, tu vas voir ce que je te dis !

Monsieur le maire, qui avait toujours considéré que sa mission était avant tout de rassurer la population pour maintenir la paix sociale, se sentit obligé d'intervenir dans le débat en rappelant que lui, qui aurait bientôt soixante-dix ans, avait toujours entendu, depuis son enfance, les mêmes balivernes sur le temps, et que c'étaient les mêmes radotages au Moyen Âge, sauf qu'alors on invoquait la punition de Dieu plutôt que la bombe atomique pour expliquer les anomalies climatiques. Son autorité intellectuelle - il avait été professeur d'histoire et géographie - ayant rempli son office, il profita du calme revenu pour demander discrètement à l'épicier s'il avait entendu ce qu'on racontait à propos d'Éloi.

- Après tout, c'est ton neveu, non ? Moi, à ta place je m'inquièterais. Parce que ce n'est pas la première fois qu'on me rapporte des trucs bizarres sur lui. Figure-toi que le secrétaire de mairie de Sérignan, que je connais bien, et que je rencontre parfois à la bibliothèque de Béziers, m'a rapporté qu'il a été vu le mois dernier en train de visiter les châteaux cathares avec sa petite famille - tu sais, tous ces châteaux en ruines perchés dans les Corbières entre Carcassonne et Perpignan - et qu'il paraîtrait qu'il a encore fait l'original. Le maire s'approcha de l'oncle, lui faisant partager à l'occasion ses difficultés à digérer la rouille de seiche dont il avait abusé à midi, et baissa encore la voix pour poursuivre : un de ses amis - du secrétaire, je veux dire - faisait la visite en même temps que lui et il l'aurait vu se mettre à danser sans raison, tout seul comme un fou, sur la terrasse du donjon de Quéribus ! Et même on lui a raconté, par d'autres touristes qui étaient présents, qu'on avait vu le même type faire l'idiot pendant la présentation de rapaces par le fauconnier à Peyrepertuse.

- C'est vrai qu'il est un peu particulier, répondit l'oncle, on dirait qu'il cherche toujours à pas faire comme tout le monde, mais c'est un brave type. Et travailleur, et le cœur sur la main, je peux te l'assurer, et moi, tant qu'il ne fait de mal à personne, je n'ai rien à dire. Alors, comme ça, on peut voir des rapaces à Peyrepertuse ? Il y a des aigles aussi ? Ça me dirait bien, ma foi, d'aller y faire un tour !

- Jusqu'au jour où il fera du mal…à quelqu'un…ou à lui-même ? De grandes rides verticales chargées de responsabilité et d'inquiétude barraient le front du maire.

- Enfin, moi, je considère que c'est de mon devoir de t'avertir, et je le fais parce qu'on se connaît suffisamment. Et je ne me vois pas aller parler à sa femme, enfin sa…compagne, comme on dit maintenant, tu t'en doutes.

L'oncle d'Éloi n'était pas au bout de ses peines. Sa femme, qui, s'étant discrètement approchée, avait entendu la fin de la conversation, l'entreprit aussitôt sur leur neveu qui décidément passait les bornes :

- Est-ce que tu sais que presque tous les soirs à partir du mois de mai, après sa journée, il se baigne dans le canal complètement nu ? C'est la boulangère qui me l'a dit. De ses propres yeux, elle l'a vu, elle n'en revenait pas ! Pareil à un gamin, il saute dans l'eau en hurlant comme un sauvage, puis se savonne, se lave les cheveux, nage un moment, remonte, replonge... Et si des enfants passaient par là, hein ? Il ne peut pas rentrer chez lui après sa journée, comme tout le monde, il n'a pas la douche ?

L'oncle ne disait rien, il pensait que ces femmes n'avaient qu'à regarder ailleurs et s'occuper de leurs affaires plutôt que d'espionner Éloi. Que ce devait être bien agréable de se baigner tout nu après avoir travaillé dur en plein soleil et de se laver de toute cette poussière de ciment ou de plâtre qui irrite la peau, les yeux, les poumons… Et qu'il y avait beaucoup d'autres choses bien agréables qui ne nuisent à personne mais qu'on n'ose pas faire à cause de ce genre de mégères !

## 18

*Samedi 16 janvier 1982.*

*Je connaissais par cœur certaines chansons de Johnny Halliday, Eddy Mitchell, France Gall, Françoise Hardy, Adamo, « Tombe la neige, tu ne viendras pas ce soir », les orchestres les jouaient au bal, on les entendait sur Europe 1, elles grimpaient en tête du hit-parade, on écoutait « Salut les copains »... Et, bien sûr, la chanson de Christophe « Aline ! » que je chantais à tue-tête quand j'avais un petit coup dans le nez, et je n'ai jamais réussi à savoir si ça amusait vraiment Aline, la mienne, ou si ça l'énervait malgré son sourire inébranlable. Quand j'ai commencé à aller au bal, certains, pour se faire mousser, prétendaient qu'ils avaient rencontré à l'anniversaire d'un copain Muriel Duclos, élue « Mademoiselle Âge Tendre 1966 », qui vivait à Aniane, dans l'Hérault. Ils savaient que ses chanteurs préférés étaient Françoise Hardy, Chantal Goya et Hugues Aufray.*

*Philippe, lui, connaît et chante même parfois en s'accompagnant à la guitare des chansons de Jacques Brel qu'il m'a fait découvrir. Il a réussi à me convaincre d'aller voir avec lui « L'homme de la Mancha » à l'Opéra de Montpellier. Je n'y avais jamais mis les pieds et, par déformation professionnelle, je n'ai pas pu m'empêcher de faire remarquer à Philippe comment les marches des escaliers devenaient plus hautes et moins profondes au fur et à mesure qu'on montait dans le théâtre en descendant l'échelle sociale comme si les pauvres avaient naturellement les jambes plus musclées que les riches. Les places du parterre étaient hors de prix, on était donc au poulailler et on ne voyait pas grand-chose, mais c'était bouleversant. Jacques Brel était méconnaissable, le visage ravagé de rides, d'immenses sourcils, le regard halluciné, il était totalement possédé par son rôle. Comme un imbécile, j'ai même versé quelques larmes quand Don Quichotte meurt. Et j'ai appris par cœur la phrase qui m'a le plus touché : « Je poursuis la quête de l'impossible rêve ».*

*Philippe m'a prêté les disques qu'il avait. Beaucoup moins bien pour danser le rock qu'Eddy Mitchell, c'est sûr, mais les textes, c'est quand même autre chose ! « Faut vous dire, Monsieur, que chez ces gens-là… » Depuis que j'ai entendu cette chanson, je me suis mis à observer tous ces petits signes qui indiquent qu'on fait partie de « ces gens-là » ou non. Et j'ai été attentif à ne plus faire « de grands schlll... » comme mon frère Georges en mangeant ma soupe. Et j'ai compris pourquoi j'avais décidé un jour de partir, n'importe où, mais loin et définitivement. Pour faire mentir Brel : « Parce que chez ces gens-là, Monsieur, on ne s´en va pas. »*

*Je remets parfois le vieux disque et je pense à mes parents, et comme ils sont loin de moi, de plus en plus. Même si, finalement, je suis resté vivre à Blomilhac. Et je rêve comme le type de la chanson, avec sa Frida, « Qu´on aura une maison avec des tas de fenêtres, avec presque pas de murs et qu´on vivra dedans... et qu´il fera bon y être… »*

# 19

Le dernier élève venait de partir, et je rangeais la classe qui ressemblait de moins en moins à une classe, depuis que j'avais entrepris d'apprendre à compter aux petits avec le matériel et la démarche imaginés par Maria Montessori, c'est-à-dire en étalant sur le sol des kyrielles de perles dorées pour représenter les unités, dizaines, centaines, milliers… Mateo, un rouquin de sept ans, rêveur et solitaire, mais qui n'abandonnait jamais ce qu'il avait commencé, était même sorti de la salle et continuait à compter sur le sol du couloir qui mène à la classe de Florence. Objectif : arriver au nombre magique de 1000 ! Je n'avais que deux alternatives, et pas de compromis envisageable : déranger encore davantage Florence en laissant tout en place ou briser le rêve de Mateo. Je n'ai touché à rien. Ma directrice observait mes expériences avec de plus en plus de sympathie, elle se contenterait de sourire sans commentaire en enjambant l'œuvre de Mateo.

Éloi est entré en coup de vent, hirsute.

- Ça y est, Aline accouche ! Viens tout de suite !

Il m'avait expliqué que, pour lèur deuxième bébé, Aline avait décidé d'accoucher à la maison, se préparant avec des séances de sophrologie, suivie par un gynécologue en qui ils avaient une totale confiance, et avec toutes les précautions nécessaires. Il voulait absolument avec, bien sûr, l'accord d'Aline, que j'assiste à l'évènement. C'était pour lui une preuve d'amitié, et aussi un acte de prosélytisme. Il s'agissait de me convaincre que l'accouchement à la maison était beaucoup mieux qu'à la maternité, moins traumatisant pour l'enfant comme pour la mère. Il faisait entièrement confiance à Aline qui assurait qu'il n'y avait aucun risque, qu'on n'était pas plus bêtes que nos parents qui procédaient autrefois ainsi, que c'était « plus naturel ». Je n'étais pas certain d'adhérer à tout ce discours à la mode. Mais Éloi m'avait peu à peu appris à faire la distinction entre l'authentique et le factice, et son admiration pour Aline suffisait à rendre cette option indiscutable. Inviter son ami à partager une chose aussi naturelle et belle que l'accouchement de sa femme était pour lui évident.

Aline était en train de nettoyer la table de la cuisine, cette fameuse table en bois massif qui m'avait tant impressionné le premier jour où je les ai rencontrés. Elle se déplaçait lentement, toujours aussi impériale malgré le volume de son ventre. La sage-femme bavardait avec elle, elles se connaissaient sans doute depuis longtemps, et, si on n'avait pas su ce qui se passait là, on aurait tout aussi bien pu croire qu'elles étaient en train de préparer le repas en parlant du dernier film qu'elles avaient vu à Béziers la semaine dernière. Éloi était par contre dans un état d'excitation fébrile qui le faisait parler sans cesse, bouger, s'asseoir, se relever, proposer un verre d'eau fraîche à Aline, sortir de la pièce pour aller chercher n'importe quoi, revenir… Quand une contraction s'annonçait, Aline allait tranquillement dans la chambre voisine et, comme me l'avait expliqué Éloi, elle écoutait les cassettes qu'elle avait préparées avec la sophrologue. Dix minutes plus tard, elle revenait s'affairer, vérifier qu'il ne manquait rien, sa maîtrise était vraiment incroyable.

Et bien sûr le miracle attendu a fini par arriver. La sage-femme, après avoir examiné Aline, nous a dit :

- Je crois que c'est bon ! On va s'y mettre tranquillement.

Aline est montée toute seule sur la table, et Éloi est devenu terriblement pâle, il ne disait plus rien. La tête du bébé est apparue, Aline ne criait pas, elle était en travail, concentrée, appliquée, efficace, et c'est alors qu'Éloi a levé un bras en l'air, on aurait pu croire qu'il allait se mettre à danser, il a tourné sur lui-même, comme s'il cherchait quelque chose très loin dans le ciel, et il est tombé dans mes bras, inconscient. J'ai dû l'installer sur une chaise, le faire boire, le réconforter…

- Hé, Éloi, c'est pas le moment ! Viens voir ton garçon, il t'attend ! Il s'est levé en titubant. Il pleurait d'émotion et de joie, il n'arrivait pas à prononcer une phrase correcte, embrassait Aline qui accueillait tendrement ses baisers en souriant de ce même sourire moqueur et affectueux qu'elle lui a toujours réservé. Il embrassait la sage-femme, me serrait dans ses bras pendant que le bébé poisseux et rouge hurlait de toute la force de ses minuscules poumons qu'il était là, qu'il fallait lui faire de la place, qu'il comptait sur nous pour lui montrer les merveilles du monde.

J'ai su plus tard que la mère d'Éloi avait très mal vécu le fait qu'il lui avait interdit de venir aider pour l'accouchement, « alors qu'il a invité un étranger à voir sa femme accoucher ! »

Si Éloi était un intellectuel, il se définirait sans doute comme libre penseur. Mais il n'a pas besoin d'une étiquette pour vivre librement, ses actes sont libres et c'est l'essentiel. Ce n'est pourtant pas si simple dans un petit village, en particulier en ce qui concerne la religion. Ici, le dimanche matin, les femmes et les enfants sont à la messe, les jeunes au lit et les hommes au café. Éloi s'occupe de sa petite famille, de son cheval, du jardin et, s'il est seul un moment, il repousse la table du salon et tente la synthèse entre la danse contemporaine d'Astrid et le rock du samedi soir sur un vieux disque d'Otis Redding qui gratte de plus en plus.

Il n'aime pas traîner au lit, mais si Aline l'invite à rester, il se laisse facilement convaincre et les deux amants célèbrent avec ferveur leur messe païenne sous la couette en écoutant les cloches de l'église.

Il y a sur la commune, au milieu des vignes, un couvent transformé depuis longtemps en maison de retraite tenue par des bonnes sœurs. On arrive par une belle allée bordée de cyprès dans une cour entourée de trois bâtiments en forme de U, avec un puits au centre.

On raconte que la Sainte Vierge est apparue ici à un viticulteur qui travaillait dans sa vigne le dimanche à l'heure de la messe, et qu'elle lui a reproché de ne pas respecter le jour du Seigneur. Pour se faire pardonner, il a fait construire ce couvent.

Qui peut croire à ces bêtises ? Telle est la sentence définitive d'Éloi qui a souvent été appelé par la directrice pour des travaux de maçonnerie, le crépi de la façade qui se décolle, le toit qui fuit, un plafond à refaire... Tout le monde le connaît ici et il est au courant de la plupart des secrets de « Notre-Dame du Dimanche ».

C'est ainsi qu'il a appris qu'à chaque élection le curé du village vient en visite, réunit les nonnes dans le réfectoire afin de leur indiquer pour qui il faut voter. Il fait ensuite la tournée des pensionnaires et avec un peu plus de précautions, en adaptant son sermon à chaque paroissien, il leur explique également quel candidat est le plus en accord avec la foi catholique et pour qui voterait la Sainte Vierge.

Cette découverte a radicalement fait passer Éloi de l'indifférence à l'hostilité envers la religion. Il est en cela en plein accord avec Aline qui a hérité de son père, témoin de la collusion entre l'église catholique espagnole et le franquisme fasciste, une aversion profonde pour tout ce qui ressemble de près ou de loin à un curé ou à une bonne sœur. Mais il l'exprime par l'humour plutôt que par la colère. Lui qui avait acquis au catéchisme et à la messe un riche répertoire de cantiques, en français ou même en latin, il prend un malin plaisir à les transformer en inventant des paroles ridiculisant la religion et à les chanter à longueur de journée de sa belle voix de ténor au grand désespoir de sa mère et des bigotes du village.

# 20

*Samedi 20 février 1982.*

*J'étais en 6ème. Au lycée, parce qu'en ce temps-là, lycée et collège n'étaient pas séparés. Je me souviens précisément de cette année parce qu'un élève plus malin que les autres nous avait montré que si on écrivait 1961 et qu'on retournait la feuille de bas en haut, ça faisait aussi 1961. On était loin des enfantillages de l'école primaire, des blagues de toto, je me sentais soudain grand, ayant accès à des préoccupations sophistiquées ! Le prof de maths avait intercepté le papier qu'on faisait circuler dans la classe et, plutôt que de nous engueuler, en bon pédagogue, il nous avait expliqué qu'il existait beaucoup de nombres qu'on peut lire à l'envers, c'est-à-dire de droite à gauche ou de gauche à droite, on appelle ça des palindromes de nombres, mais que celui-ci n'en est pas vraiment un puisqu'il faut retourner la feuille de bas en haut, et que le prochain vrai palindrome serait 1991, autrement dit quand nous serions vraiment vieux !*

*Le deuxième évènement qui a marqué cette année s'appelle Youri Gagarine. Maman m'avait emmené chez le docteur pour une angine douloureuse, avec en prime les habituels reproches de ne pas m'être suffisamment couvert, et il y avait beaucoup de monde dans la salle d'attente. Sur une table basse, parmi les revues, j'ai attrapé Paris Match. La première page montrait l'incontournable général de Gaulle, avec sans doute un titre sur l'Algérie, mais plusieurs pages intérieures annonçaient la nouvelle incroyable : un homme était allé dans l'espace à bord d'un vaisseau minuscule appelé Vostok, lancé par une fusée soviétique. On l'avait annoncé à la radio, bien sûr, mais voir les photos m'impressionnait beaucoup plus. La capsule étant de petite taille, le cosmonaute ne devait pas être trop grand, c'est donc un des critères qui ont déterminé la sélection de Gagarine. Il était encore plus petit que moi, un mètre cinquante-huit, ça me plaisait bien ! Et j'aimais aussi, bien sûr, son sourire magnifique, son courage, sa volonté, ses capacités intellectuelles hors du commun. On raconte dans Paris Match qu'il a écrit à sa femme deux jours avant le départ, lui demandant de bien s'occuper de leur petite fille, en imaginant qu'il ne la reverrait peut-être jamais. Les chances de réussite étaient évaluées à 50 %. Je pensais alors que moi aussi, j'y serais allé sans hésiter, même avec moins de chances de réussite, pour faire le tour de la Terre en moins de deux heures et pouvoir dire « Je vois la Terre, c'est magnifique ! » J'ai lu plus tard, mais pas dans Paris Match, qu'il avait aussi déclaré que là-haut il n'avait pas rencontré Dieu ! Ça aussi, ça me le rend sympathique.*

*Je sais bien que je n'irai jamais dans l'espace. Alors je dois profiter de mes rêves merveilleux, les retrouver pendant les longues journées de travail, ressentir cette sensation incroyable de voler par la seule force du désir.*

# 21

C'était un soir d'hiver glacial, comme on en a quelques-uns dans le Midi, d'autant plus désagréable qu'on n'y est pas habitués et que les maisons sont très mal chauffées et isolées. Le vent du nord arrivait à se faufiler par les jointures approximatives des portes et des fenêtres qui poussaient leurs gémissements sinistres sous les bourrasques. Il venait directement de la Montagne noire, des monts de Lacaune couverts de neige. Ceux qui croient que le Midi est le pays des vacances, des cigales et de la sieste repartiraient vite chez eux s'ils s'étaient égarés chez nous par un de ces jours rares mais vraiment cruels.

Éloi avait pris l'habitude de passer chez moi sans prévenir, de s'asseoir dans « son » fauteuil et d'attendre en silence pour sentir s'il ne dérangeait pas. Selon les jours, il avait quelque chose à me raconter, à me demander, parfois c'était à moi de parler pour rompre le silence. Quand je devais corriger les cahiers des élèves ou préparer ma classe, il restait là sans rien dire, il prendrait peut-être un bouquin, il ne me gênait absolument pas, au contraire, j'aimais sentir sa présence paisible.

Mais ce soir-là, il était différent. Pas un mot sur le froid exceptionnel, sujet du jour pourtant, surtout pour les maçons qui ne pouvaient pas employer le mortier qui aurait gelé la nuit et qui devaient interrompre les travaux en cours à l'extérieur. Alors qu'il ne me le demandait jamais, il a quand même articulé d'une voix bizarrement hésitante :

- Je te dérange pas, tu as cinq minutes ? Question insolite, puisque, en général, s'il passe me voir en fin de journée, quand Aline rentre tard du boulot et que le petit est chez sa grand-mère, il reste une bonne heure.

Il marchait nerveusement de long en large dans la pièce, s'arrêtait devant la fenêtre pour regarder courir les nuages, repartait, s'appuyait sur le poêle comme à son habitude jusqu'à se brûler les fesses, n'arrivait pas à s'asseoir dans le fauteuil malgré mon invitation répétée à le faire. Il était venu avec un livre à la main. Sans doute un de ceux que je lui avais prêtés et qu'il voulait me rendre, peut-être m'en parler ? Comme s'il hésitait à l'ouvrir, il le tripotait maladroitement jusqu'à en retirer une feuille de papier pliée en quatre. Il me la tendait.

- Voilà, j'ai écrit ça. J'aimerais que tu le lises et que tu me dises si ça vaut quelque chose.

Je tombais des nues. J'étais à mille lieues d'imaginer qu'Éloi écrivait. Ce n'était pas un petit poème de quelques lignes, c'est pourquoi je lui ai demandé de me le laisser, que je le lirais plus tard tranquillement, mais il a insisté.

- Je t'ai demandé si tu avais cinq minutes, tu m'as dit ok, alors lis-le s'il te plaît. Tout de suite.

C'est moi qui devenais nerveux, maintenant. Piège terrible, comment pourrais-je sans le blesser lui dire vraiment ce que j'en pensais si ça ne me plaisait pas ? Et j'étais bien conscient du poids de l'appréciation que je devrais donner, auréolé à ses yeux du prestige de l'instituteur, diplômé, obligatoirement plus compétent en matière de poésie qu'un maçon ! Il n'y avait pas de titre, j'ai plongé dedans sans parachute, je l'ai lu d'un trait. C'était écrit à la main, d'une écriture appliquée, régulière, et mon unique véritable compétence d'instituteur m'a permis d'observer qu'il n'y avait pas une seule faute d'orthographe.

*Écoute ! Il y a dans l'air des nouvelles fraîches.*
*Il y a des courants d'air dans les discours,*
*Des envolées lyriques sur l'énergie éolienne, ça décoiffe !*
*Il y a des hirondelles, préoccupées de printemps.*
*Un Chinois a pulvérisé le record du saut en hauteur :*
*Il a passé la barre des…un milliard !*
*Le funambule sélénite s'est endormi là-haut, tout là-haut,*
*Parmi les bienheureux et les héros, et les anges qui n'existent plus et les rêves à venir, le nez dans les étoiles, tout là-haut !*
*Alors, avec de la cire, il s'était collé de grandes plumes d'oiseau dans le dos, et comme ça, il a pu s'échapper. S'échapper, tu comprends ?*
*Mais il a voulu monter encore, et encore plus haut,*
*Et quand il s'est approché du Soleil, la cire, tu comprends ?*
*Mouflons acrobates, chamois de cristal, suspendus par des fils secrets,*
*Comme l'équilibriste, sur la piste, sans filet,*
*Comme toi qui parles sans savoir de musique planante et de s'envoyer en l'air, mais…*
*Un oiseau te regarde ! Il chante à gorge déployée.*
*Oiseau de plumes lisses, de chaleur et de vent qui glisse.*
*Oiseau de paradis, oiseau-mouche, martin-pêcheur,*
*Cormoran-palmipède, coléoptère-hanneton, lépidoptère-papillon.*

*Aéroplane, décollage difficile !*
*L'espoir s'envole aussi, et la foi vole en éclats,*
*Et les ballons de la foire, et cerf-volant, et pigeon-vole !*
*Tu vois bien, petit !*
*Cheval de feu t'emportera jusqu'au ciel.*
*Moineau apprivoisé, flamants roses en forme d'étendards,*
*Colombophiles de tous les pays, envolez-vous !*

*Alors, tu rêves que tu voles, et voilà tes bras qui s'écartent, tu deviens grand, voiles dehors, dedans, dessus, dessous, de l'air, de l'air, à l'infini !*
*Et voilà, tentaculaire, l'exposition de lance-pierres, lance-flammes, lance colère, lance, lance, lance !*
*À perte de vue, vitrines, grand choix à l'intérieur, entrée libre, liberté !*
*C'est pour emporter ou pour consommer sur place ?*
*Croisade de missiles, missiles de croisière, croisière interrompue.*
*Tu changes de trottoir, tu prends ton élan, un oiseau te regarde, bienveillant.*

Le silence a duré longtemps après la fin de ma lecture. Pas pesant, mais recueilli, chargé des mots que ni Éloi ni moi ne pouvions prononcer, peut-être même pas penser. Je retrouvais rassemblés dans ce texte la plupart des thèmes dont je savais depuis quelque temps qu'ils hantaient l'esprit d'Éloi. Les rêves d'envol qu'il m'avait racontés, obsédants, récurrents, tellement réalistes, sa fascination pour les oiseaux qu'il observait pendant de longs moments quand il réparait les toits du village, au point d'oublier parfois de se remettre au travail. Comment, à travers ce déferlement d'images, ne pas reconnaître Éloi, ce maçon englué dans le ciment gris et lourd alors qu'il sentait inexorablement pousser ses ailes ?

De quel droit pouvais-je lui dire si « ça valait quelque chose » ? Qui, d'ailleurs, peut s'arroger ce droit ? La lettre d'amour maladroite adressée par une personne unique à une autre personne qui attend passionnément le message qui va peut-être lui redonner l'envie de vivre, « vaut-elle » moins que le dernier Prix Goncourt en vente dans les kiosques de toutes les gares ?

- Je trouve ça très beau, Éloi. Ça me touche beaucoup, merci de cette confiance que tu, que je... Je bafouillais ces mots dérisoires et quelques autres banalités en étant bien conscient de ne pas être à la hauteur de cet instant un peu trop solennel à mon goût. Il ne disait rien, tournait en rond dans la pièce, s'est arrêté un instant devant la fenêtre pour interroger le ciel, puis il a déclaré soudain qu'il devait apporter du foin au cheval et il est sorti précipitamment.

Cet épisode nous a marqués tous les deux. Introduit une sorte de gêne entre nous. Comme un secret révélé, quelque chose de trop intime qu'il aurait peut-être mieux valu cacher et qui changeait étrangement la nature de nos relations ? Est-ce que je me trompais en imaginant qu'il m'évitait désormais, à moins que ce ne soit moi qui me réfugiais derrière l'abondance de travail à l'école ? Il est vrai que Florence et moi étions en pleine préparation du carnaval des enfants et qu'il promettait d'être grandiose !

Quelques jours plus tard, alors que je le croisais en sortant de l'épicerie, je lui ai dit du ton le plus anodin possible :

- J'ai relu ton poème. J'aime beaucoup, tu sais, vraiment. C'est étonnant, te connaissant comme je te connais, qu'il parle des oiseaux mais pas de la danse ? Il m'a répondu sans hésiter une seconde : « c'est pareil » et a filé sans autre commentaire.

# 22

*Samedi 16 octobre 1982.*

*Est-ce à cause de mon métier ? Creuser la terre en fait partie, c'est vrai, mais découvrir des souterrains, des pièces vides, des lieux secrets, inexplorés ? Je suppose que ces rêves me disent qu'au-delà de ce que je connais, de ce que je fais chaque jour, il y a autre chose que je peux découvrir, juste là, à portée de main.*

*Première variante, ça se passe dans le petit appartement que nous avions occupé, Aline et moi, quand on a décidé de vivre ensemble. C'était au rez-de-chaussée d'une villa. Au premier étage vivaient les propriétaires, M. et Mme Cabrera. De braves retraités qui partaient tout le mois de juillet en Alsace chez leurs enfants en nous confiant le jardin avec les tomates, les groseilles, les petits pois… Mais le rêve déborde ce pavillon coquet, il englobe la maison de mon enfance, avec ses greniers infinis, sa cave à l'odeur de moisi...*

*La situation se répète de rêve en rêve : j'occupe deux ou trois pièces. Suis-je seul ou avec Aline ? Ça dépend des fois. En cachette, j'explore d'autres pièces, dont je sais « qu'elles me reviennent ». Elles sont là, vides et disponibles, mais on ne peut y accéder que par un passage secret que je suis le seul à connaître. Mais alors pourquoi les explorer en cachette ? Ne pas les occuper ? Je suis à cet instant partagé entre la peur d'être découvert et le plaisir de parcourir mon territoire. Vaste, extensible, secret. Parfois, mon désir d'agrandir ma maison prend plus d'ampleur : je vois clairement les greniers que je pourrais aménager, des terrasses à agrandir, tous ces volumes n'attendent que moi, c'est vraiment excitant !*

*Encore plus ancien, oublié, je viens de retrouver ce rêve en fermant les yeux : je descends à la cave. Mais je suis le seul à avoir découvert que d'autres caves, plus profondes, débouchent sur la première. C'est de la terre friable, mais je n'ai pas de sensation de saleté. Il y a des boyaux plus ou moins étroits. Il n'y a pas de danger, je n'éprouve pas le moindre sentiment de claustrophobie, je me faufile avec plaisir dans des pièces, des recoins parfois assez spacieux. Je suis très heureux d'avoir accès à ce lieu, j'envisage de le montrer à d'autres, mais je suis toujours seul, là.*

*Autre variante : ça se passe quelque part dans la montagne, au-dessus de Bédarieux où nous allions parfois les dimanches d'automne chercher des chanterelles. Il y a des ruines en plein soleil, dans la garrigue. Mais on peut accéder à des caves voûtées à travers tout un itinéraire souterrain. Pas de peur, là non plus, seulement la joie de la découverte. De temps en temps, on peut remonter, passer la tête entre deux pierres, vérifier qu'au-dessus il y a un château, ou des gens, ou la garrigue, mais on redescend vite pour continuer l'exploration : grandes salles à demi éclairées par des fenêtres entre les pierres, couloirs, dédales, je dis « on » continue, sans savoir qui est avec moi, je ne sais pas très bien si je montre réellement à quelqu'un ce lieu fabuleux ou si j'ai seulement l'intention de le faire.*

*Et j'erre dans ces pièces immenses, seul, cherchant à rejoindre le groupe, oui, cette fois, je suis venu montrer ma découverte à plusieurs personnes et je me perds, tout est en ruine, poussière, il y a sans doute du danger, un plancher peut s'écrouler sous moi. Je prends garde à marcher le long des murs plutôt qu'au centre des pièces, la visite est passionnante, malgré l'angoisse de ne plus retrouver la sortie, je m'attarde à fouiller dans des tiroirs de commodes branlantes. Je trouve un objet insolite, dont le souvenir reste extrêmement précis : une caroube dans un étui en cuir. Comme l'étui d'un poignard. À quoi cela servait-il ?*

*Est-ce que je fais quelque chose de mal ? Que veulent me dire ces rêves, docteur ? Ces rêves qui malaxent des souvenirs réels - les greniers et les caves que j'annexais en solitaire et en grand secret quand j'étais gamin, ou que j'explore désormais professionnellement quand on me demande de vérifier une toiture - et de l'imaginaire, ces pièces qui s'ajoutent…*

## 23

Au bal du samedi soir, il n'y a pas que la jeune génération, les amateurs de danse comme Éloi avides de nouveautés, fredonnant les derniers tubes de Richard Anthony ou d'Eddy Mitchell, classés dans les premiers au hit-parade d'Europe 1. Il y a aussi les vieux, leurs parents de plus de 50 ans assis sur les bancs au fond de la salle et qui attendent sagement que le chef d'orchestre annonce, « parce qu'il en faut pour tout le monde », le quart d'heure de paso-doble, tangos et valses. Les lumières de la salle s'allument, le pianiste se met à l'accordéon, et les jeunes fuient aussitôt vers le bar. Sauf Éloi. Parce qu'il est un vrai danseur et qu'il n'a jamais dansé pour draguer les filles. Encore moins maintenant qu'Aline est devenue la femme de sa vie, et il ne trouve pas ridicule ou vieillot de s'appliquer à tournoyer savamment sur *Les amants d'un jour* ou *Les roses blanches*. Il est même le seul jeune homme du village à savoir danser correctement le tango. Il invite sa tante, ou la femme du maire qui, lui, ne danse jamais, et le village sourit en les regardant, lui tellement jeune, gracieux, léger, vivant, et elle heureuse malgré tout d'avoir osé. Et la matrone d'âge mûr rosit de plaisir, se laisse emporter, et pense de moins en moins à ses pieds ou à ses kilos en trop.

Bien plus tard, il me racontera que Noureev n'avait jamais renié les danses populaires qu'il avait apprises quand il était enfant. À l'âge de sept ans, à la fin de la guerre, on l'amenait avec le club de danses traditionnelles de Bachkirie de son école pour distraire les soldats blessés à l'hôpital.

C'est la clé de la vie d'Éloi : il n'y a pas de barrières, pas de limites à son regard, à son envie. Il peut être totalement heureux le samedi soir dans une salle de bal enfumée en compagnie de villageois imbibés de pastis et le lundi pleurer d'émotion devant la fragilité évanescente d'Astrid qui leur offre parfois en attendant les retardataires une brève envolée en prélude au cours.

Éloi est venu ce matin refaire un crépi sur un mur délabré dans la cour de l'école. C'est la récréation de dix heures, et la plupart des enfants se sont approchés avec moi pour l'admirer. Le geste de la truelle pour jeter le mortier et que ça tienne au mur est très difficile à acquérir. Il le maîtrise parfaitement. Quand il m'a proposé un jour d'essayer, il y a eu autant de mortier par terre que sur le mur ! Il y a de la gifle, du lancer, du jeter, de la caresse et de la force, de l'arrondi dans ce geste. De l'élégance, peut-être ? Il faut savoir changer de sens, selon qu'on crépit vers sa gauche ou vers sa droite. Savoir viser précisément quand il faut atteindre les angles, les bords et les petits recoins.

Comble de la virtuosité, Éloi est capable de changer de main, il est parfaitement ambidextre. Avantage énorme, car malgré la souplesse du geste, il s'agit de projeter sur un rythme soutenu deux ou trois cents grammes de mortier, et le poignet, l'avant-bras sont soumis à de rudes efforts. Un bras d'Éloi se repose ainsi pendant que l'autre travaille.

Mais il n'y a pas que les bras ! Crépir à hauteur d'homme, face à soi, est le plus simple. Mais crépir au ras du sol, accroupi ou le dos plié en deux, crépir en hauteur, à bout de bras, demande de mettre en jeu les jambes, les muscles du dos, la taille, tout le corps, en évitant les tensions, avec souplesse et force, dans une multitude d'attitudes qui exigent le sens de l'équilibre, et une grande intelligence du fonctionnement de la merveilleuse machine humaine.

J'ai entendu un jour Aline lui dire qu'elle s'étonnait qu'il n'ait jamais eu besoin de faire appel à ses soins malgré les traitements qu'il infligeait quotidiennement à son corps entre la danse et le travail de maçon. Sans doute soupçonnait-elle comme moi que son plaisir de vivre l'empêchait de ressentir la fatigue ou les courbatures ?

Je le regarde, et je vois une danse : habilité, maîtrise, plaisir, grâce... Serait-il capable de retrouver ces gestes dans un solo, sans la truelle ? Cela aurait-il un quelconque intérêt artistique ?

# 24

*Samedi 18 décembre 1982.*

*Aline m'a dit hier soir : « Ton ami Philippe est passé pour récupérer un bouquin qu'il t'avait prêté. » Je n'avais jamais pensé que Philippe était mon ami. Et depuis hier, ça me trotte dans la tête, je me demande quelle place Philippe occupe dans ma vie, et si lui aussi se pose ce genre de questions ? Les gars de mon âge, la bande de copains du village avec qui j'étais à l'école, sont naturellement mes amis. On a chapardé des melons dans le champ du vieux Gagnol en rentrant du bal, on a sonné à la porte du curé à deux heures du matin, on a accumulé les bêtises, on se connaît, on se ressemble, aucun doute possible. Mais l'instituteur de mes deux fils, cet homme qui a fait des études supérieures, qui me prête des livres bourrés d'intelligence, qui m'apprend tant de choses, qu'est-ce qu'il est pour moi ?*

*Je l'ai aidé à aménager les Moulines, mais à part ça qu'est-ce que je lui apporte ? Et d'ailleurs il m'a payé pour ça. Quel intérêt a-t-il à me fréquenter ?*

*Il me fait parler, il m'écoute, j'ai parfois l'impression qu'il m'observe comme un savant qui étudierait le comportement d'un animal étrange. Ou un journaliste qui fait une enquête. Il ne lui manque que le carnet pour prendre des notes.*

*Mais, en retour, je ne sais rien de son histoire. Il ne parle jamais de lui, ou alors il faut lui soutirer ses confidences. J'ai compris qu'il avait vécu à Toulouse avec une femme qui l'avait beaucoup fait souffrir, et qu'il avait une peur panique de retomber amoureux. Il vit seul. Que fait-il de toutes ses soirées ? Il n'a même pas la télé, et quand il prend de temps en temps sa voiture pour aller en ville, va-t-il au cinéma, au spectacle, aux putes ?*

*Chaque fois que je passe le voir, il est à son bureau en train de préparer son travail à l'école. Il a un jour tenté de m'expliquer qu'il cherche à développer une méthode pédagogique différente, et qu'il a choisi de venir dans un petit village parce qu'ici l'Éducation nationale lui fout la paix. J'ai cru comprendre que son truc, c'est de permettre à chaque enfant de se développer à son rythme, à sa manière, en lui faisant confiance. Ça me paraît impossible, moi je n'ai pas appris à lire et à écrire comme ça, mais apparemment ça marche, les enfants l'adorent, et Paul et Guilhem sont passés de l'école au collège sans problème. Une sorte de moine ou de saint, alors ? Passionné par son métier et ses recherches auxquelles il consacre tout son temps ?*

*Pendant quelque temps, je me suis demandé s'il n'était pas homo. Depuis toujours, j'ai l'impression que je les attire, ils me font des avances, c'est parfois bien gênant ! C'est peut-être mon physique, ma passion pour la danse, ma voix, mes yeux bleus, mon côté féminin comme dit Aline, va savoir… Alors, quand il s'est intéressé à moi, quand on s'est retrouvés seuls à bavarder ou à se balader dans la garrigue, j'ai ressenti une sorte de malaise et je me suis méfié, c'est idiot.*

*Il me répète souvent que tout ce qu'il a appris dans les livres ne vaut pas mieux que ce que j'ai appris dans la vie. Je n'en crois pas un mot ! Mais j'aime bien sentir que quand je passe chez lui sans le prévenir et que je m'assois dans mon fauteuil sans rien dire, je suis le bienvenu.*

# 25

Astrid n'était pas femme à renoncer ! Elle attendait patiemment que se présente l'occasion de revenir à la charge auprès d'Éloi qu'elle regardait danser avec toujours plus d'émerveillement. Comme beaucoup de danseuses, elle était passée naturellement du statut d'artiste à celui de pédagogue. Un jour, on se sent fatigué, les articulations protestent quand on leur en demande trop. Alors on commence par devenir chorégraphe. On continue à créer des spectacles, mais on ne danse plus que par procuration. Peu à peu, on forme les danseurs dont on a besoin pour une création, puis on devient simplement prof de danse, et il n'est plus question de projet artistique, mais de transmettre son savoir et aussi, bien sûr, de gagner sa vie. Et il est difficile alors de choisir ses élèves. Rencontrer une belle personne comme Éloi et l'aider à avancer le plus loin possible était devenu pour elle un de ces rayons de soleil qui lui donnaient l'envie de se lever le matin.

Mais, après une solide formation au conservatoire de Toulouse, elle avait aussi été une danseuse talentueuse, dans diverses compagnies dont le Ballet de l'Opéra national du Rhin à Mulhouse, et enfin chez Dominique Bagouet à Montpellier où elle était finalement restée pour créer sa propre compagnie, Label Danse.

On parlait beaucoup à cette époque d'une nouvelle chorégraphe allemande qui venait de créer une version époustouflante du *Sacre du printemps* reléguant Béjart au rang de dinosaure de la danse moderne. Quelques extraits avaient été montrés à la télévision dans une émission culturelle diffusée à vingt-trois heures qu'Astrid n'aurait ratée pour rien au monde. Elle n'avait jamais pu voir le spectacle sur scène, mais elle s'était rattrapée en allant à Paris voir une autre création de Pina Bausch, *Kontakthof*. Elle avait été bouleversée, convaincue désormais que la danse c'était ça et rien d'autre !

Sans être véritablement amis, ils étaient devenus suffisamment proches pour qu'Éloi, à plusieurs reprises, lui propose de passer par Blomilhac pour l'apéro, quand elle allait à Béziers visiter sa fille pharmacienne.

En lui téléphonant un soir pour lui annoncer que si ça ne le dérangeait pas, elle passerait le lendemain vers dix- neuf heures, elle lui demanda s'il avait un magnétoscope.

- Bin oui, bien sûr, pourquoi ?

- Tu verras bien, à demain, répondit mystérieusement Astrid.

Le lendemain, Éloi est passé à l'école au moment où Florence et moi, bien fatigués, rangions les classes, pour m'inviter à l'apéro, comme il le faisait souvent. Mais cette fois je sentais une excitation particulière. J'ai très vite compris que la visite d'Astrid n'était pas anodine pour lui. Il avait le trac, en fait : quand le prof franchit le seuil de la maison de l'élève, les deux changent soudain de statut, il faut alors créer un nouveau type de rapports, il faut être à la hauteur de la situation, c'est un peu déstabilisant.

Dans la foulée, comme on rassemble ses troupes, il proposa à Florence de faire elle aussi la connaissance de sa prof de danse.

Les apéros chez Éloi étaient une affaire sérieuse, j'en avais eu souvent la confirmation. Mais cette fois, c'était vraiment le grand jeu ! Aline n'était pas encore rentrée du travail, et il avait préparé tout seul des tartines de sa tapenade incomparable, des filets d'anchois crus marinés au citron, avait mis une bouteille de picpoul au frais, sorti de la cave du Cinsault de Blomilhac, l'incontournable Cartagène, des légumes du jardin découpés en petits bâtons à déguster avec une sauce blanche à la menthe, il tournait, virevoltait entre la cuisine et le salon comme un gamin excité.

Déception : Astrid ne boit pas d'alcool, et elle est végétarienne. Mais elle se rattrapa sur les légumes et la tapenade, dont Éloi ne lui révéla pas qu'elle contenait des anchois. Si peu, pensait-il …

Après les présentations, le bavardage convenu, et les compliments pour notre « charmant petit village », Astrid nous demanda de but en blanc si nous connaissions Pina Bausch. Aucun de nous n'avait jamais entendu parler de cette Allemande. Astrid nous lut sans grande conviction et sur un ton ironique un extrait d'un article récent sur elle, paru dans une revue professionnelle de danse :

« Loin du formalisme esthétisant de Caroline Carlson ou des prouesses techniques glacées de Merce Cunningham, elle explore de nouvelles voies entre théâtre, mime et danse, dans une recherche totalement novatrice tout en restant toujours en prise avec le monde réel, quotidien, radicalement humain… » Bla bla bla, ce papier est nul ! Il faut voir et se taire ! Accepterions-nous de regarder une cassette V.H.S. qu'elle avait apportée avec elle ?

- C'est un film de Fassbinder dont j'ai pu obtenir une copie. Il a réalisé un documentaire sur le dernier festival de théâtre de Cologne. Ça s'appelle *Theater in Trance.* Il y a plusieurs extraits de spectacles venus du monde entier dont celui de Pina Bausch. Son titre est *Kontakhof*, et l'extrait dure douze minutes. Je sais que tu as écumé les salles de bal, Éloi, et tu continues peut-être, alors je suis sûre que ça va t'intéresser. Dans ce film, il n'y a pas tout le spectacle, c'est bien dommage, mais je l'ai vu à Paris, et pour moi c'est un chef-d'œuvre absolu.

Après s'être affairé à mettre en marche le magnétoscope en s'excusant de la petite taille de l'écran de la télé, Éloi s'est installé sur le côté, debout, appuyé sur un coin de la table, et j'ai plusieurs fois abandonné le film pour regarder son visage. Il était complètement absorbé par ce bal qui n'avait absolument rien à voir avec celui où il avait rencontré Aline, mais qui en proposait une transposition poétique, avec une exagération des émotions, des gestes, des pulsions d'êtres humains en qui chacun de nous ne pouvait que se reconnaître.

Dès la fin des douze minutes, avant que quiconque n'ait pu dire un mot, Éloi demanda à Astrid :

- Tu me prêterais la cassette jusqu'au prochain cours ? J'aimerais la regarder encore. J'ai su par la suite qu'Éloi l'a regardée trois fois par jour pendant une semaine.

Florence et moi étions complètement incultes en matière de danse contemporaine, et c'est Florence, la première, qui entama la conversation :

- Je trouve ce travail génial, mais peut-on dire que c'est vraiment de la danse ?

- Penses-tu que si les Indiens des hauts plateaux de Bolivie voyaient danser Noureev ils diraient que c'est de la danse ? Astrid était sur ce sujet comme un poisson dans l'eau. Les mots, fin prêts, attendaient impatiemment qu'elle ouvre les lèvres.

- Il y a du théâtre sans texte, de la danse sans musique, de la musique sans mélodie, de la peinture non figurative, des romans sans histoire, que sais-je… Elle se rendit compte qu'elle commençait à élever un peu trop la voix et se força à respirer profondément avant de reprendre plus posément :

- La seule chose qui compte, c'est qu'il y a une personne vivante, et elle dispose d'un corps et d'un esprit qu'elle utilise comme elle veut et comme elle peut pour nous toucher au plus profond de notre être, toucher notre âme, si on accepte ce mot, nous dire quelque chose d'essentiel. Astrid s'arrêta encore, relâcha ses muscles en s'enfonçant dans son fauteuil avant de conclure ce qui avait tout d'une profession de foi.

- Tout le reste, comme dit l'autre, n'est que littérature. Et formalisme. Pina Bausch me touche en plein cœur, elle me réveille comme jamais ça ne m'était arrivé.

## 26

*Samedi 22 janvier 1983.*

*Je cours, je prends mon élan, comme en cours de gym pour le saut en longueur, et soudain, à la faveur d'une plus grande enjambée, d'un appui plus affirmé sur une de mes jambes, je décolle, je m'envole. C'est merveilleux, décoller, on devrait plutôt dire se décoller, n'être plus collé au sol par l'attraction terrestre. Je plane librement, je vais où je veux, je vois le monde d'en haut, c'est joli, inoffensif, mesurable comme si je regardais une immense carte, on dit « embrasser du regard », je ne me gêne pas.*

*J'ai toute une panoplie de rêves de ce type. Une collection de rêves que je retrouve en dormant, de nuit en nuit, avec leurs variantes, mais aussi en plein jour : en me concentrant, j'arrive à retrouver cette sensation d'apesanteur miraculeuse, j'arrive à y croire, je suis heureux de pouvoir ainsi mettre un peu de rêve dans ma vraie vie. Je n'ai pas du tout envie qu'on me dise que je rêve éveillé, et que je deviens fou !*

*Les rêves se présentent toujours à ma mémoire comme des courts-métrages, suite d'images très précises, colorées, le plus souvent sans paroles. Mais le scénario est parfois incohérent, les séquences se suivent sans logique.*

*Cette fois, je vole sans avoir besoin de prendre mon élan, sans courir. Je vole dans la maison, et il s'agit de sortir pour en profiter. Je me glisse par une fenêtre, c'est un peu difficile, mais j'y arrive. Et c'est alors que je pense que pour prouver à tout le monde que ce n'est pas un rêve, je dois me filmer. Un ami d'Aline nous a prêté une caméra Super 8, le temps d'un week-end pour filmer le petit Guilhem qui commence tout juste à marcher. Je me demande s'il est possible de déclencher la camera avec retard. La poser par terre, m'envoler et passer devant elle. Bizarrement, je n'imagine pas qu'une autre personne puisse m'aider. C'est parce que je suis seul, c'est donc bien un rêve !*

*C'est difficile de raconter un rêve parce qu'il n'y a pas que des mots, des actions ou des images, mais aussi des sensations, des envies, des peurs, une ambiance bizarre, tous ces trucs flous que je ne sais pas dire.*

## 27

Il a fallu du temps pour que Florence me laisse découvrir son principal secret. C'est qu'elle ne cherche pas à me convaincre, sa passion n'a rien de militant. Elle est entièrement gratuite, personnelle, sans autre finalité que le plaisir.

Florence cherche, recense, observe, collectionne les plantes, tout ce qui pousse dans la terre. Pas pour faire des tisanes ou pour se soigner, tant il est clair qu'avec toute la nicotine et le goudron qu'elle répand dans ses poumons, la santé n'est pas sa préoccupation première. Sa motivation n'est même pas esthétique, elle trouverait ridicule de se pâmer devant la beauté d'une fleur. Et d'ailleurs, elle ne les cueille jamais, elle préfère, comme elle dit, les laisser vivre leur vie. C'est chez elle une sorte d'écologie poétique, de mysticisme païen. Elle est grande prêtresse de la Pacha Mama !

Elle écrit les noms, les particularités des plantes, leurs familles, les relations entre elles dans un gros cahier, et elle essaie de tout mémoriser. Elle est incollable.

Elle a chez elle un vieil exemplaire du *Fragment pour un* d*ictionnaire des termes d'usage en botanique* de J.J. Rousseau. Comme lui, elle veut tout connaître, et pas seulement les quelques rares plantes utiles à l'homme.

Elle s'embarque, si on ne l'arrête pas, dans de grands développements philosophiques sur la notion d'utilité :

- De quel droit peut-on décréter que certaines plantes ou certains animaux sont nuisibles et d'autres utiles ? Utiles à qui, d'abord ? La nature est plus intelligente que nous, et en voulant exterminer les moustiques pour le confort des touristes, on a empoisonné toute la côte méditerranéenne ! Et pourquoi la nature n'aurait pas le droit de fabriquer des trucs inutiles, des fleurs minuscules, tellement petites que les abeilles ne peuvent même pas les voir, alors que nous on aurait le droit de faire de la musique, danser, peindre, aimer quand ça nous chante... ?

Elle m'a proposé un jour de venir dans ma classe sans les petits de la maternelle qu'elle laissait parfois jouer dans la cour sous la surveillance d'une maman voisine, pour nous expliquer le système de reproduction du figuier, faisant le pari que tous les enfants le comprendraient parfaitement malgré sa complexité incroyable. Je ne m'étais jamais intéressé à ce sujet, n'en soupçonnais d'ailleurs pas l'intérêt, j'acceptais aussitôt.

- Bonjour les enfants, je suis venue vous raconter l'histoire extraordinaire d'un fruit que vous connaissez bien, qu'on trouve dans les jardins ou au bord des chemins. Vous aimez les figues ?

- Oui, oui, madame ! répondit la classe unanime.

- Oui, bien sûr, tout le monde les aime, mais vous n'imaginez pas tout ce que la nature a inventé pour les fabriquer !

Son exposé avait parfois l'apparence d'une enquête policière, parfois d'un conte merveilleux, avec en son centre le secret du blastophage, une mouche minuscule dont la photo très agrandie qu'elle nous a montrée a eu un grand succès.

Pour commencer, Florence a sorti de son sac un vieux ballon crevé qu'elle avait bourré de fleurs d'acacia.

- Voilà, a-t-elle déclaré, ce ballon représente la figue. Une énorme figue ! C'est comme un sac empli de près de mille fleurs minuscules avec, comme pour la plupart des fleurs, des mâles, des femelles, pistils, étamines, pollen, vous connaissez bien tout ça. Pour se transformer en fruits, toujours à l'intérieur de leur sac protecteur, les fleurs femelles devront être fécondées.

Florence captait l'attention des enfants en changeant de voix, elle parlait très lentement, d'une voix très douce, comme si elle racontait l'histoire de la Belle au bois dormant.

- On croit parfois qu'il y a deux sortes de figuiers. En fait, il n'y a pas de différence fondamentale entre le figuier mâle et le figuier femelle. C'est seulement leur fonction, leur rôle, qui les a spécialisés. Le mâle, comme toujours dans la nature, féconde la femelle. C'est ce qui permettra au figuier femelle de produire des fruits comestibles. Le figuier mâle qu'on appelle sauvage parce qu'il ne donne pas de bons fruits n'est donc pas cultivé par l'homme, parfois assez stupide pour le couper s'il ignore son utilité dans cette histoire.

Ce figuier porte deux sortes de figues : certaines, déjà présentes en hiver, ce qui nous permet d'ailleurs de reconnaître qu'il s'agit du figuier mâle, sont déjà mûres en mai. Elles sont de couleur foncée et vous savez qu'elles sont immangeables. J'espère que vous n'avez pas essayé de les goûter ! Elles contiennent de minuscules insectes : les fameux blastophages que vous voyez sur la photo. Et nous voici au cœur du secret de la figue : sans figues pas de blastophage, sans blastophage, pas de figues ! Ces bestioles ne mesurent en réalité que deux millimètres. Les mâles sont jaunes et n'ont pas d'ailes. Ils ne sortent jamais de la figue. Vous imaginez ? Naître et passer toute sa vie à l'intérieur d'une figue ! Leur rôle consiste à féconder les femelles, noires et pourvues des ailes qui leur permettront de partir.

- Ils ne font que ça toute la journée, madame ? Le grand Antoine, l'aîné de la classe de CM2, ne pouvait pas rater une si belle occasion de faire le malin ! Quelques-uns parmi les grands commençaient à pouffer de rire, en échangeant des regards entendus. Florence attendit en souriant le retour du calme sans répondre, et continua.

Elles n'iront pas bien loin, puisque sur le même figuier - qu'on a donc nommé sauvage - se trouvent d'autres figues, vertes et odorantes. À la différence des fruits ordinaires comme les cerises ou les abricots qui viennent à la suite des fleurs que vous voyez en avril, sur le figuier le fruit précède la fleur. Je parle de ce qui est pour nous le fruit, mais qui n'est en réalité qu'une enveloppe, un sac, et qu'on appelle la figue. Et les fleurs, environ mille, minuscules, se trouvent à l'intérieur de la figue. Exactement comme ces fleurs d'acacia dans mon ballon crevé. Et là encore, comme presque toujours dans la nature, il y a des fleurs mâles et des fleurs femelles ! Les fleurs femelles ont comme toutes les fleurs un pistil, porte d'entrée vers l'ovaire auquel on accède par une sorte de tuyau, appelé le style. Pour vous souvenir pensez à stylo.

La maman blastophage ne s'intéresse pas à la fécondation de la figue mais à sa propre descendance. Elle veut faire des petits. Et elle dépose, dans cet ovule, non pas du pollen, qui permettrait de produire de bonnes figues, mais son œuf. Elle peut réussir cette opération délicate parce qu'elle a une sorte de bras à rallonge, appelé « ovipositeur » qui a la longueur exacte du « style » de la fleur femelle de la figue. Comme il fait déjà chaud en mai, ces œufs, des centaines, vont se développer rapidement et éclore, en donnant naissance à des larves de blastophages. Les mâles, qui n'ont pas d'ailes, resteront comme on l'a vu enfermés toute leur vie dans la figue. Les femelles deviennent des adultes début juillet, sont fécondées par les mâles, et sortent de la figue en se couvrant « sans le vouloir » du pollen des fleurs mâles. Elles vont chercher des figues où déposer leurs œufs. Mais les figues qu'elles rencontrent alors sont des figues de figuiers femelles, qu'on appelle figuiers domestiques - parce qu'on les cultive, ceux-là pour leurs bonnes figues - Et les fleurs qui se trouvent à l'intérieur de ces figues femelles ont un « style » qui n'est pas de la bonne dimension. Les blastophages ne peuvent donc pas y déposer leurs œufs. Mission impossible !

Mais comme elles sont couvertes de pollen, elles fécondent, là encore « sans le vouloir », les fleurs femelles et c'est ainsi que le figuier femelle va nous donner de bonnes figues.

Vous avez remarqué que toutes les figues, celles qui sont comestibles comme les autres, ont un petit trou au milieu, en face de la queue ? C'est par là que les blastophages femelles sortent et entrent pour accomplir leur mission de ponte ou de pollinisation.

Alors, vous vous demandez comment vont pouvoir survivre les blastophages puisque les figues femelles ne leur permettent pas de déposer leurs œufs ?

Hé bien, la nature a tout prévu : il y aura, fin août, de nouvelles figues sur les figuiers mâles, ceux qu'on a appelés sauvages, pour les quelques blastophages qui sont encore capables de pondre. Les larves se garderont bien au chaud pendant tout l'hiver à l'intérieur de la figue, pourront éclore au printemps dès qu'il fera assez chaud, et tout recommencera.

Les enfants voulaient tous voir de près le ballon empli de fleurs d'acacia. La photo du blastophage géant circulait de main en main, et les dessins en couleur, les flèches reliant les mots nouveaux soulignés qui emplissaient entièrement le tableau noir, rendaient cette histoire fabuleuse parfaitement compréhensible. Ils ont écouté avec une attention étonnante, tant ils adorent Florence et son talent de conteuse. Je dois avouer que je me suis un peu perdu entre les fleurs mâles et les fleurs femelles à l'intérieur des figues, les blastophages mâles et femelles, les figues d'été, puis celles qui attendent l'automne et sont les meilleures... mais tout cet imbroglio était tellement miraculeux ! Quant aux enfants, ils n'ont sans doute pas tous tout compris, mais ils savent où se trouvent les bons figuiers au bord des chemins, que les meilleures figues sont les figues grises, que c'est en septembre qu'on les cueille, et ils ont été rassurés d'apprendre finalement qu'on ne risque jamais d'avaler un blastophage en mangeant une figue en été.

Mais surtout, comme quand Éloi était venu nous parler de son métier de maçon, la preuve était encore faite que si on sait éveiller la curiosité des enfants, on peut les emmener bien plus loin que lire, écrire et compter sagement.

J'ai découvert dans un gros dictionnaire d'agriculture qui traînait dans une armoire à l'école, quelques jours après cette séance mémorable, que : *En France, la majorité des figuiers cultivés est parthénocarpique et ne nécessite donc pas la présence de blastophages pour produire des fruits.*

Toute cette belle histoire est donc fausse. Périmée, obsolète, trop belle pour être vraie, seulement de la poésie, du romantisme, un rêve inutile de plus ?

Je l’ai dit, bien sûr, à Florence. Comme on annonce une mauvaise nouvelle. Elle revenait d’une de ses excursions quotidiennes, les bras chargés de branches de frêne pour ses deux lapins. Quand je l’ai arrêtée pour lui révéler ma triste découverte, elle n’a pas réagi avec surprise comme je m’y attendais. Elle le savait, bien sûr ! Pour sa défense, elle m’a dit que les figues ainsi produites sont stériles, et ne pourront donc jamais germer et assurer la reproduction de l'arbre. L’association blastophage-figuier reste donc, selon elle, essentielle et déterminante.

Et puis, continue-t-elle, la vérité est-elle toujours utile ? Ne peut-on pas s’arranger parfois avec elle pour rendre le monde plus beau, plus intéressant ? Entretenir l’émerveillement des enfants n’est pas notre mission la plus importante ? Et d’ailleurs, puis-je lui prouver que tous les figuiers du village sont parthénocarpiques ? Il y en a certainement au moins un qui a besoin des blastophages, et ainsi, il n’y a pas vraiment de mensonge. Pourquoi ne pas accepter une incertitude, une imprécision constructive - j’ai relevé avec gourmandise ce concept audacieux ! - et à quoi me servirait une certitude absolue, froide, fermée sur elle-même ?

Malhonnêteté intellectuelle ? Tout ça est bien compliqué, et j’ai préféré éluder, conscient que Florence était totalement sincère et émouvante dans ses efforts puérils pour me convaincre de sa bonne foi après s’être elle-même convaincue.

Peut-être aussi exprimait-elle ainsi sa fidélité à J.J. Rousseau qui décrivait déjà au dix-huitième siècle ce cycle de reproduction incroyable dans son projet de *Dictionnaire des termes d’usage en botanique.*

Florence était passionnée par cette conception du philosophe, aujourd'hui bien trop rare, qui observe avant de penser et pour qui la connaissance du réel dans ses moindres détails, la science et la philosophie ne sont pas séparées. Et Rousseau, m'apprenait-elle, ne faisait que suivre des figures illustres de l'Antiquité comme Théophraste chez les Grecs puis, deux siècles plus tard, Pline l'ancien, à Rome, qui, eux aussi, sans les moyens de la science moderne, avaient déjà décrit avec précision, il y a plus de deux mille ans, les pérégrinations du blastophage parmi les différents types de figuiers et de figues ! Mon ignorance est décidément abyssale !

# 28

*Samedi 12 mars 1983.*

*Cette fois, c'est Florence qui m'a proposé d'aller au cinéma voir « Le Bal », un film d'Ettore Scola qui passait à Montpellier au Royal. Aline n'a pas eu envie de se joindre à nous et elle a prétexté le début de grippe de Guilhem pour rester à la maison. Le titre m'intéressait, bien sûr, et je me demandais, après « Kontakhof » de Pina Bausch, pourquoi tous ces artistes traitaient ce thème qui pour moi n'avait rien d'artistique. Pour moi, le bal était l'endroit où on cherchait une fille, et où on se bagarrait après avoir picolé si on n'en trouvait pas. Dans le meilleur des cas, pour moi, parfois, c'était une occasion agréable de se détendre après une semaine de travail. Ça sentait la fumée de tabac, la sueur et le vin ou la bière renversés par terre.*

*Rien à voir avec ce que montrait cet étonnant film sans aucun dialogue, avec seulement une galerie de personnages caricaturés à grands traits, autant d'hommes que de femmes qui se cherchent, s'observent, se trouvent parfois.*

*En sortant du cinéma, j'ai invité Florence à boire un coup au Yam's sur la place de l'Œuf. Elle a commandé un Guignolet Kirsch. Je ne savais même pas que ça existait et, par curiosité, j'en ai commandé un pour moi aussi, avec des glaçons. Le garçon avait un sourire poliment étonné en prenant la commande. Goût agréable, mais c'est vraiment trop doux pour moi.*

*Elle avait été passionnée par l'aspect historique du film. Comme je suis nul en histoire, elle m'a expliqué charitablement le Front populaire, la montée du fascisme avant la guerre, le personnage du collabo qu'on retrouve ensuite fricotant avec les soldats américains à la Libération, le jeune militaire français qui va partir en Algérie, le retour du racisme, cette fois envers les Arabes, mais elle n'a pas eu besoin de me raconter Mai 68. J'avais entrevu cette drôle de révolution, assis devant la télé des parents, impuissant et perplexe : ça n'aurait eu aucun sens de faire grève à Blomilhac dans une entreprise de trois personnes qui venait tout juste de m'embaucher. Mais j'ai quand même bénéficié de l'augmentation considérable du S.M.I.G. arrachée lors des accords de Grenelle !*

*À part le cours d'histoire, magistral, le film ressemble étrangement à « Kontakthof », le spectacle de Pina Bausch. Il s'agit dans l'un comme dans l'autre des relations de séduction, avec toutes les nuances de la douceur ou de la violence, entre des gens qui sont là uniquement pour chercher l'âme sœur, en tentant d'oublier leur vie quotidienne en dehors de cette salle de bal. On pourrait croire que les acteurs d'Ettore Scola et les danseurs de Pina Bausch sont interchangeables : dans les deux cas ils jouent des personnages qui dansent au bal. Mais je crois avoir compris ce jour-là une chose importante pour moi : un danseur qui joue n'utilise pas son corps de la même manière qu'un comédien qui danse. Prendre quelques cours à Label Danse m'aura au moins rendu capable de voir ça ?*

*Je ne suis pas certain que Florence ait compris cette idée quand j'ai tenté maladroitement de la lui expliquer à la terrasse du café. J'aimerais bien savoir ce qu'en pense Astrid.*

# 29

Voilà déjà six ans que j'ai rencontré Éloi. Mais il ne m'a fallu que quelques mois pour pouvoir le considérer comme mon ami. Heureuse surprise ! En m'installant dans la solitude, j'avais définitivement conclu de mes déboires sentimentaux que l'amour n'est qu'illusion et beaucoup de souffrance pour quelques minutes de bonheur, et que le jeu consiste à cultiver le souvenir de ces rares instants, en faire un monument, une œuvre d'art, une religion…

Quant à l'amitié, elle ressemblait un peu trop pour moi à des vociférations de supporters de football, à de monotones discussions viriles sur les femmes, les bagnoles ou l'évolution des prix de l'immobilier.

Éloi est venu vers moi simplement, peut-être parce que je lui ai d'emblée montré que son originalité, son aspect « hors normes » était pour moi une qualité, au rebours du regard de la plupart des Blomilhacois. Il m'a aidé dans mon installation matérielle et dans mon intégration dans ce microcosme villageois. Moi, je lui ai apporté ce que je pouvais : premièrement, mes livres, qu'il dévorait. J'ai commencé par Robert Merle, *Malevil, La mort est mon métier, Un animal doué de raison*… Ces romans l'ont passionné, alors j'ai continué avec Emile Ajar, *La vie devant soi*, puis *L'étranger* de Camus, et nos discussions sur ces lectures étaient passionnantes. J'ai vite compris que, jusqu'à présent, Éloi n'avait jamais acheté un livre. Et il n'y avait pas à cette époque de bibliothèque publique au village. Quant à aller en ville dans une librairie - Il y a beaucoup trop de bouquins, comment tu fais pour choisir ? - disait-il avec raison. Il n'avait donc pas lu grand-chose d'autre que Midi Libre depuis le lycée.

Je lui ai apporté aussi ma disponibilité à l'écouter et à prendre au sérieux ses questions sur toutes sortes de sujets. Il vivait comme beaucoup de gens dans l'illusion qu'un instituteur est un puits de science, et j'avais beaucoup de mal à le convaincre du contraire, et qu'il pouvait lui aussi m'apprendre beaucoup, ce que la vie a confirmé par la suite.

En cette année 1983, il a décidé de reprendre « sérieusement » la danse depuis qu'Astrid l'a convaincu de partir faire un stage au Tanztheater à Wuppertal en Allemagne. Cette ville industrielle était surtout connue pour son monorail suspendu, la grande fierté de ses habitants depuis presque un siècle, avant de devenir le laboratoire mondialement réputé de Pina Bausch. C'est là que s'était produit le tremblement de terre qu'a représenté la création de la désormais célèbre chorégraphe sur le Sacre du Printemps de Stravinsky, dont Astrid avait vu quelques extraits à la télévision. Ce spectacle l'avait bouleversée, et elle était devenue depuis une admiratrice inconditionnelle de celle qu'elle appelait Pina, ne ratant pas une occasion de voir ses spectacles au Théâtre de la Ville à Paris. Astrid était convaincue que cette forme particulière, entre théâtre et danse, convenait parfaitement à Éloi. Elle comprenait bien qu'un maçon de trente ans ne pourrait jamais arriver au niveau de technique des danseurs dont il rêvait de partager la quête, mais que ses qualités émotionnelles, sa générosité un peu folle, son absence radicale de peur, sa façon d'être vrai en toutes circonstances correspondraient au travail de Pina Bausch. Elle espérait sans doute même secrètement qu'il se ferait remarquer au cours de ce stage et, pourquoi pas, que Pina elle-même le verrait ?...

Elle a mis de longs mois à le convaincre, balayant l'un après l'autre ses arguments, qui se résumaient finalement à son incrédulité : qu'est-ce qu'un maçon de Blomilhac peut aller faire dans un stage de danse international en Allemagne ? Finalement victorieuse, elle l'a recommandé comme son meilleur élève auprès de l'administratrice de la compagnie de Pina Bausch qu'elle avait connue à Mulhouse au ballet du Rhin, l'a aidé à s'inscrire, à trouver où se loger, à organiser le voyage.

Il a fallu à Éloi plusieurs longues soirées pour me raconter ces deux semaines prises sur son mois de congé, qui l'ont transformé radicalement.

Je l'imagine attendant le train de sept heures vingt-deux sur le quai de la gare de Béziers, seul, les yeux déjà rêveurs, envolés, même si une partie de son cerveau mijote dans l'angoisse de rater les correspondances, de devoir baragouiner en allemand ou en anglais. Astrid lui a donné plusieurs petits papiers. Sur l'un, l'itinéraire du métro à Paris, avec les changements de ligne pour aller de la gare de Lyon à la gare du Nord, sur l'autre, l'adresse à donner au taxi quand il serait à la gare de Wuppertal. Il a, dans la banane achetée pour l'occasion à Monoprix, bien serrée sur son ventre, son argent, ses papiers, ses billets de train, Montpellier - Paris, Paris - Cologne - Wuppertal. En changeant de train à Lyon, il peut avoir la chance de prendre un des tout premiers TGV, mis en service depuis quelques mois et qui commencent à dépasser les 200 kilomètres-heure sur une partie du trajet. Il ne peut s'empêcher d'imaginer son père à sa place, serait-il émerveillé ou terrorisé ? Avec son air bougon, il lui aurait sans doute demandé si c'était vraiment intelligent - non, il aurait dit malin - de dépenser tant d'argent pour gagner une ou deux heures de temps. Et finalement, qu'est-ce que tu en fais, de ce temps, hein ?

Le stage sera en anglais, Éloi a donc emporté une vieille méthode Assimil qu'il rabâchera pendant tout le voyage, pour tenter de retrouver les quelques bribes qui lui restent des années de lycée. Il ne sait même pas qui va diriger le stage. Ce sera, l'a assuré Astrid, « un membre de la troupe de Pina Bausch ». Il pourrait aussi bien être Français, Russe ou Chilien, une femme, un homme ? Et les stagiaires, d'où viennent-ils ? Y aura-t-il au moins un Français avec qui parler ?

Éloi gardait un mauvais souvenir de Paris, depuis une expédition d'une semaine en voiture avec trois copains, à l'occasion de la fête de l'Huma où ils avaient été écouter Eddy Mitchell. Il avait toujours pensé qu'il est impossible pour une personne censée de vivre dans ce grouillement violent et malodorant de béton, de ferraille bruyante et de Parisiens toujours pressés, le teint grisâtre, les yeux éteints, incapables de s'arrêter pour sourire ou de parler calmement et gentiment.

Le métro était bondé, sa petite taille l'empêchait de voir la liste des stations affichées au-dessus de la porte du wagon, il se tortillait pour y arriver, une fille le regardait bizarrement, ça se voit donc tellement que je viens de mon trou perdu tout en bas de la carte de France ?

Sur le quai, un homme est allongé par terre. Pieds nus, il a remonté les jambes de son pantalon et entrouvert sa chemise sur son torse pour qu'on voie les horribles brûlures qui sont dues, explique-t-il sur un carton posé à côté de lui, aux bombes américaines larguées sur son village en Afghanistan. Éloi est pétrifié, incapable de continuer à avancer, il sort son porte-monnaie, laisse de l'argent dans la boîte en fer. Mais ce qui le trouble le plus c'est l'indifférence des Parisiens qui continuent leur course absurde sans même ralentir, regards claquemurés, indifférence obligatoire pour survivre ici. D'ailleurs, très vite, deux policiers s'approchent pour faire déguerpir le malheureux dont la vue, c'est quand même vrai, dépasse le supportable.

Fuir, retourner à Blomilhac, regarder couler le Pradas, ramasser du cresson, cueillir des cerises au fond du jardin, serrer Aline contre lui, très fort, longtemps…

Les trains de la Deutsche Bahn ne ressemblent pas à ceux de la SNCF. Plus d'espace, plus de lumière, une propreté impeccable et surtout des passagers tellement différents des voyageurs français ! Voici donc l'Allemagne. On parle bas, on se retient de bouger, de respirer, c'est ce qu'Éloi ressent en observant ces hommes encravatés, ces adolescents trop propres, ces femmes dodues qui somnolent sur fond de musique classique discrètement susurrée par de minuscules haut-parleurs.

Le printemps a ici un bon mois de retard sur le Languedoc. Certains arbres n'ont pas encore osé déployer leurs bourgeons pour sortir leurs feuilles alors qu'à Blomilhac ils sont prêts pour l'été qui s'approche. L'herbe grasse, opulente, colore en vert tout le paysage, et les vaches regardent passer le train avec indifférence mais constance comme partout.

Éloi me dira que la découverte de ce voyage a été pour lui que la couleur de l'Allemagne, c'est sans aucun doute le vert. Vert tendre de l'herbe des prairies ou vert militaire des uniformes et des véhicules de la

Wehrmacht ? Sans doute un peu des deux dans son esprit : son père avait vigoureusement entretenu la rancune tenace de la plupart des Français envers les « boches » et aurait désapprouvé totalement ce voyage cher et inutile.

Le pont sur le Rhin, l'énorme cathédrale de Cologne, la gare immense. Sans un mot, il a montré son billet à un type en casquette qui lui a montré l'horloge monumentale en faisant le geste de se dépêcher et indiqué le quai pour Wuppertal.

La nuit tombe déjà, le soleil se couche plus tôt ici, un demi-méridien vers l'Est, ça fait une bonne demi-heure, et la dernière partie du voyage sera sans paysage bucolique avec herbe verte et vaches paisibles, seulement les lumières des maisons, des lampadaires, des voitures et des camions en sempiternelle procession. Dépaysement. Pourquoi ces minuscules phares trouant la nuit lui semblent-ils plus mystérieux et dénués de sens que les mêmes sur la route de Béziers ?

Wuppertal à minuit. Il fait presque froid. Le dernier chauffeur de taxi qui poireautait devant la gare jette un coup d'œil rapide sur le petit papier d'Astrid, hoche la tête, prononce quelques mots qui ne sont pour Éloi qu'un peu plus de mystère et démarre en silence sa vieille Opel. Il a l'air bien fatigué, c'est sans doute la dernière course de la journée, à moins que cette lenteur, cette retenue soient la caractéristique de tous les Allemands ? Il s'arrête au bout de dix minutes devant la massive porte en bois d'un bâtiment qui ressemble plus à une caserne qu'à un hôtel et montre le compteur en silence. Il semble que la course n'est pas donnée, peut-être est-ce le tarif de nuit, mais Éloi renonce à convertir mentalement les marks en francs.

L'auberge de jeunesse se trouve presque au centre de Wuppertal, la fille de l'accueil parle français, elle vérifie que la réservation est bien enregistrée sur le gros registre qu'elle manipule délicatement, de ses doigts impeccablement propres avec les ongles vernis de rose, lui explique qu'il va dormir dans une chambre à quatre lits avec salle de bains, que ce soir il sera seul, mais que, dès demain, les autres lits seront occupés par « des danseurs comme toi ». On le tutoie, on le regarde comme un danseur, ça commence bien ! Il y a quelques tables dans l'entrée, l'une d'entre elles est occupée par un groupe d'Asiatiques affairés à un jeu qu'Éloi ne reconnaît pas. Il y a un plateau en bois marron clair quadrillé, des jetons noirs et blancs en bien plus grand nombre que pour le jeu de dames. Les deux joueurs et leurs spectateurs sont totalement silencieux et concentrés.

La fille lui a spontanément dit qu'elle s'appelait Maria et qu'elle adorait parler le français. Elle lui demande s'il connaît le jeu de Go en montrant du menton les Asiatiques. Elle articule avec soin, commet quelques erreurs de syntaxe et sourit en permanence. Sa peau est incroyablement blanche, ses cheveux blonds coiffés en longues tresses nouées en couronne sur sa tête. Elle est bien en chair, une sorte de caricature d'Allemande. Avant de prendre congé, il lui demande combien de temps il lui faudra demain pour rejoindre le lieu du stage, en lui montrant un nouveau petit papier de Gertrud.

- Un autre « petit Français » - pour qui elle se prend, celle-là... ? - y va aussi, tu le verras demain matin, il te montrera, lui dit-elle en lui donnant la clé de la chambre.

Le petit Français mesurait trente centimètres de plus qu'Éloi et il l'attendait dans l'entrée. Il venait de Bordeaux avec sa copine danseuse. Lui aussi disait qu'il était danseur, comme on dirait sa nationalité ou son âge. En arrivant au studio où se déroulerait le stage, pas trop loin de l'auberge de jeunesse, le trio a été accueilli par une secrétaire vêtue d'une djellaba bleu foncé, terriblement maigre et d'un aspect austère mais plutôt bienveillante, qui leur a expliqué dans un anglais hésitant, et donc heureusement compréhensible, qu'ils étaient en avance, qu'ils seraient vingt stagiaires et que Pina viendrait peut-être les saluer et leur présenter l'équipe qui encadrerait le stage.

Éloi n'avait jamais fait de stage de danse. Il avait toujours travaillé avec Astrid, qui l'amenait peu à peu en une séance hebdomadaire d'une heure et demi à transformer sa force en souplesse, son agilité en élégance. Au centre du travail, le corps, les muscles, les articulations, les étirements, la fluidité du mouvement.

Éparpillés sur le plateau, dans un magnifique studio entièrement vitré entouré d'arbres immenses au milieu d'un parc - Éloi ne pouvait pas s'empêcher de penser que ce genre d'installation serait impossible dans le Midi à cause du soleil - les stagiaires, qui ne se connaissaient pas, n'avaient pas été présentés, se sont mis à pratiquer chacun pour soi leurs échauffements, étirements et exercices habituels, ce qui lui a permis de constater que l'enseignement d'Astrid était bien dans la mouvance de la danse moderne telle qu'on la pratique partout dans le monde.

Un grand type est entré et a annoncé en anglais qu'on allait commencer. Éloi le comprenait assez bien parce que, il l'apprendrait plus tard, Dominique Bordet était un Français, originaire du Sud-Ouest de surcroît. Il était très grand et osseux, les cheveux longs et sauvages, un regard d'une intensité impressionnante, comme s'il s'efforçait de prendre le temps de regarder vraiment chaque objet, chaque personne. Il dégageait une impression de calme bienveillant dans sa façon de bouger et de parler qui lui donnait une autorité naturelle et l'envie de le suivre où qu'il aille. Il n'a pas proposé d'échauffement, il était étonnamment habillé en costume de ville mais pieds nus.

- Ici, vous n'apprendrez pas à danser, oubliez les barres d'étirement et les chaussons de torture et cherchez pourquoi vous voulez danser ! Le mot pourquoi était appuyé, souligné en rouge dans son discours. Il a ensuite seulement prononcé quelques phrases bizarres, en demandant aux stagiaires d'essayer d'en « faire quelque chose » par des mouvements, des attitudes, des gestes, des actions.

- *Tendre un piège à quelqu'un - construire des pyramides - tenir une cigarette - la façon dont on ne doit pas danser - le langage par signes des Indiens - que peut-on faire avec une main - inventer un nouveau signe de paix - vouloir garder quelque chose - des poses effrontément décontractées - quelque chose avec votre souffle …*

Il n'écrivait rien, il fallait saisir au vol une phrase, la mémoriser, en faire une image, du mouvement. Il n'y avait même pas de musique et Éloi se demandait ce qu'il faisait là, quand est-ce qu'on danserait enfin ? Après la pause qu'il passa à bavarder avec ses nouveaux amis de Bordeaux qui s'inquiétaient eux aussi de l'étrangeté de cette première séance, un grand silence se fit tout à coup sur le plateau qu'ils venaient de rejoindre. Pina Bausch était là.

On ne peut pas dire, selon les canons habituels, qu'elle est belle. Elle est grande et maigre et son visage est ingrat, mais elle est rayonnante de beauté. Au premier regard, on peut la trouver triste et lointaine, mais très vite la grâce de ses gestes et le sourire discret de ses yeux révèlent une soif intense de partage et un grand bonheur intérieur. Son regard est un vaste pont tendu entre elle et l'autre, mais elle a souvent les yeux fermés et semble ne vouloir les ouvrir qu'à bon escient. Elle a un corps osseux et dégingandé, des bras immenses qui semblent vouloir caresser le monde entier. Elle est habillée de couleurs sombres mais donne à voir ses bras blancs dénudés, son cou et sa tête. C'est là que ça se passe. On disait autrefois « un port de reine ». Mais rien d'aristocratique dans sa façon de se déplacer ni dans sa posture, qui expriment la beauté de l'humanité tout entière. Comme le danseur qui a commencé le travail, tout à l'heure, elle parle lentement, de sa voix grave de fumeuse, avec beaucoup de douceur et d'humilité, comme si elle posait des questions plutôt que d'affirmer.

Elle leur a souhaité la bienvenue, a présenté Dominique Bordet comme un vieil ami en qui elle a toute confiance pour leur ouvrir en grand les portes de leur maison commune. Elle parle sur la pointe des pieds, doucement, précautionneusement. Elle s'exprime en anglais qu'elle articule avec application et on l'écoute dans un silence religieux. Elle ne parle qu'un court instant, et les mots, les phrases qu'elle prononce sont bien moins importants que le ton sur lequel elle les dit, les mouvements expressifs de ses mains disposées délicatement tout au bout de ses bras interminables, la lenteur et la profondeur de ses regards.

Astrid avait prévenu Éloi de ce qui l'attendait sans entrer dans les détails du contenu de ce stage qu'elle ne connaissait sans doute d'ailleurs pas. Elle lui avait seulement expliqué qu'il serait déstabilisé et que son niveau technique n'avait aucune importance, lui citant cette phrase de Pina Bausch : *Je ne m'intéresse pas à la façon dont les gens bougent, mais à ce qui les meut.* Il a donc passé deux semaines à découvrir le théâtre dansé, à travers des exercices toujours aussi étonnants dont la proposition de base se résumait le plus souvent à quelques phrases, souvent des questions, sans aucun rapport avec la danse, et grâce à de nombreuses séances de projections de vidéos des spectacles de Pina Bausch.

Celui qui l'a le plus troublé était *Kontakthof*, parce qu'il lui rappelait le bal de son adolescence. Il en avait vu des extraits sur la cassette qu'Astrid lui avait apportée à Blomilhac, mais il le voyait là en entier et pouvait ainsi mieux comprendre le propos de Pina Bausch. Tout à coup ce qu'il avait vécu, et qu'il considérait comme un peu vulgaire, sans aucun rapport avec l'art, devenait digne d'intérêt, on pouvait en rire et s'en émouvoir. En décrypter le sens, y voir des références historiques et sociales. Cette agitation entre garçons et filles autorisée par le prétexte de la danse n'était plus futile et ridicule, mais racontait le fondement de la vie humaine, les rapports entre les gens, séduction, violence, douceur… En voyant les danseurs se contorsionner, tortiller du cul sans vergogne, Éloi était mort de rire, imaginant la scène transposée dans la salle de bal de Blomilhac.

Coïncidence troublante, le film d'Ettore Scola *Le Bal* venait de sortir et il avait été le voir, sur les conseils d'Astrid, au Capitole à Montpellier. Cela faisait donc deux grands artistes qui s'intéressaient à cette comédie pitoyable à laquelle il avait un peu honte d'avoir si longtemps participé ! Par quel miracle le plomb pouvait-il se changer en or, les buveurs de pastis devenir acteurs d'une œuvre d'art ?

Dans ce drôle de stage de danse, on dansait peu, c'est vrai, mais Éloi s'est vite rendu compte que les stagiaires avaient en général un niveau technique bien plus élevé que le sien. Et pourtant, à aucun moment, Dominique Bordet ou Katia Svetlana qui dirigeait les séances de l'après-midi ne le lui ont fait ressentir. Au contraire, sa capacité à entrer sans discuter dans les propositions les plus incongrues avec enthousiasme et inventivité a vite fait de lui un élément apprécié dans le groupe.

Chercher en soi les raisons pour lesquelles on veut danser, et le carburant de sa propre danse, préférer les questions personnelles aux réponses générales, chercher à éviter d'utiliser le vocabulaire devenu classique de la danse dite moderne, tout ceci convenait parfaitement à Éloi qui justement ne possédait pas ce vocabulaire ni ces tics rassurants. Lui qui n'avait pas une technique éprouvée de danseur, n'avait jamais enfilé de chaussons et ne savait même pas ce qu'étaient des pointes ou des entrechats avait développé une agilité des bras exceptionnelle, grâce au fait qu'il était totalement ambidextre et grâce à sa virtuosité dans le maniement de la truelle.

Et justement, la particularité du travail de Pina était d'avoir, de plus en plus, largement privilégié les bras par rapport aux jambes souvent cachées sous des robes longues ou des pantalons de ville dans ses spectacles. C'est qu'on exprime quand même bien mieux ses sentiments avec ses bras et ses mains qu'avec ses jambes, elle a bien raison, pensait Éloi en se repassant le film de la journée dans son petit lit. Et, dès qu'il s'endormait, les bras de Pina se déployaient et devenaient des ailes, il volait en sa compagnie, survolant la plaine allemande avec ses vertes prairies et ses vaches plantureuses qui les regardaient amicalement.

Pendant un jour de repos, sur les conseils de Maria, la fille de l'auberge de jeunesse, il est allé visiter le musée de l'industrialisation, à côté de la maison natale de Engels. Elle avait sans doute une idée derrière la tête en l'envoyant là, il comprit plus tard que, malgré son apparence de jeune fille sage, elle était militante d'extrême gauche et voulait que le « petit Français » n'idéalise pas trop le mythique dynamisme du peuple allemand.

La rivière Wupper, qui a donné son nom à la ville, est survolée par un étrange tramway suspendu, à la fois futuriste et désuet, dans lequel Pina Bausch avait fait jouer quelques pièces impromptues par ses danseurs. C'est le Schwebebahn, moyen de transport vraiment insolite, avec vue imprenable sur la rivière et la vieille ville qui défilent sous les pieds. Deux petits wagons articulés, un rail unique à dix mètres au-dessus du sol et des boogies sur le toit semblables à ceux des trains, la stabilité est assurée par la pesanteur, mais un petit mouvement de pendule dans les virages vient rappeler qu'on est suspendu. Tout ça ne fait pas très sérieux, on dirait une attraction foraine, mais les habitants de Wuppertal sont sans doute très attachés à cet héritage de la glorieuse époque de la puissance prussienne, dans les années 1900.

On avait montré aux stagiaires une vidéo tournée dans ce décor : un danseur s'assoit le plus naturellement du monde à côté de passagers ordinaires, mais il a deux ridicules oreilles de lapin en carton, pendant qu'une danseuse, le visage entièrement caché par sa tignasse exubérante, se déplace dans le wagon comme une méchante sorcière en faisant un bruit énorme à chaque pas. Les usagers du Schwebebahn restent parfaitement imperturbables. Le calme des Allemands...

Maria lui avait vendu un ticket aller-retour et avait écrit sur un petit papier le nom de la station proche du musée - Adlerbrücke - On est déjà à la lisière de la ville. Le fameux Tanztheater est un peu plus loin, on le leur a déjà fait visiter.

La maison de Engels a été transformée en une sorte de modeste mémorial sans autre intérêt qu'historique, pour ceux qui pensent que, sans Engels, Marx n'aurait pas écrit grand-chose. Éloi n'a lu ni Marx ni Engels, mais en bon touriste consciencieux, - et au prix du billet de train Montpellier / Wuppertal, ce serait du gaspillage, se dit-il en souriant intérieurement - il parcourt les petites pièces, voit le petit lit, le petit bureau, les gens étaient donc si petits au siècle dernier ? C'est ici, comme il le lit sur le document en français qu'il a trouvé sur une table à l'entrée, que le philosophe a passé une partie de sa jeunesse, nourri par son père industriel qui pratiquait avec succès l'exploitation capitaliste qu'avec Marx ils dénonceraient plus tard inlassablement.

Avec le même ticket, on pouvait donc entrer dans le fameux « Musée des débuts de l'industrialisation ». Une classe d'adolescents, menée par un vieux professeur au front large et abondamment barbu qui ressemblait étrangement au portrait d'Engels accroché au mur dans l'entrée, piétinait en bavardant à voix basse.

Éloi ne comprenait pas grand-chose, et les rares textes en français qu'il avait trouvés étaient vraiment succincts. Il se contentait donc de regarder avec curiosité toutes ces machines soigneusement entretenues et astiquées, les photos disposées sur des panneaux en accordéon et les textes en allemand et en anglais avec beaucoup de chiffres et de graphiques, dont le but était de montrer l'essor de l'industrie allemande au XIXème siècle, quand il retrouva le groupe de collégiens en train d'écouter l'explication de leur professeur devant une énorme machine qui devait sans doute servir à fabriquer du tissu à partir de bobines de fil qu'on apercevait à travers un entrelacs compliqué de métal et de bois.

Devant la machine, une longue barre de bois de trois ou quatre mètres de long devait être actionnée par plusieurs personnes, peut-être une douzaine, disposées côte à côte le long de la barre. Et le professeur se mettant à la barre montrait qu'elle était bien trop basse pour qu'il puisse la pousser efficacement. Il proposa alors à quelques élèves parmi les plus jeunes d'essayer à leur tour et leur démontra ainsi que cette machine avait été conçue pour des enfants de dix à douze ans. Éloi n'avait pas besoin de comprendre l'allemand pour partager le trouble et l'indignation des adolescents boutonneux. Ils regardaient la machine, la barre, et le silence lourd parlait bien mieux que n'importe quel discours.

L'entourage d'Éloi avait vivement critiqué sa décision de partir travailler dès seize ans. Il se revoyait devant sa machine à tricoter chez madame Bataille, heureux et fier d'avoir eu le courage de quitter sa famille pour gagner sa vie, et il essayait d'imaginer des enfants de onze ans trimant douze heures par jour pour quelques sous, pendant que d'autres dansaient, étudiaient, avaient des états d'âme…

Il ressentit alors très clairement, comme une douleur soudaine et une sorte d'arrachement violent, que sa place était naturellement du côté de ces enfants mal nourris attelés à leur barre de bois plutôt que parmi les esthètes gracieux qui l'accueillaient généreusement parmi eux pendant deux semaines de stage.

Le lendemain, au cours d'une séance sur le thème des gestes quotidiens que chacun proposait et s'efforçait de reproduire, déformer, caricaturer, comme se peigner, se laver, se réveiller, enfiler, enlever puis remettre une veste, Éloi, se souvenant peut-être du choc de sa visite au musée, se mit à crépir un mur imaginaire, reproduisant d'abord très lentement les gestes compliqués qu'il avait mis tant de temps à acquérir, puis de plus de plus vite, et ça faisait des cercles, des arabesques, ça commençait d'un côté et ça reprenait à l'identique de l'autre, il oublia soudain où il était, qu'on le regardait - en effet, les autres stagiaires s'étaient peu à peu arrêtés, fascinés - il dansait enfin. Ses mains, légères, n'avaient plus besoin de la truelle pour vivre, elles racontaient leur propre histoire, libérées du mortier et des lois implacables de la pesanteur.

Dominique Bordet ne lui dit rien quand il s'arrêta, il le regarda longuement dans les yeux en hochant la tête, approbateur. Et peu à peu son visage austère s'éclaira d'un sourire joyeux. C'est seulement après un long silence qu'il prononça doucement « Bien ». Avait-il compris d'où venait cette danse ? Ou seulement qu'elle avait son origine dans un endroit secret mais qui existait sans aucun doute possible au fond de cette personne barbue et maigre originaire du Sud de la France comme lui ?

Ce « Bien ! » de Dominique Bordet avait d'autant plus d'importance qu'Éloi prenait chaque jour davantage conscience de la chance qu'il avait de fréquenter un personnage aussi exceptionnel, artistiquement et humainement.

Quand, le premier jour, ce drôle de professeur de danse leur avait demandé d'utiliser les phrases incohérentes qu'il leur proposait pour créer des mouvements, des gestes, des attitudes, les sentiments d'Éloi étaient allés de l'incompréhension au doute. Mais, un soir, ils passèrent sans transition à l'admiration sans bornes.

Certains stagiaires savaient que leur professeur venait de participer à la dernière création de Pina Bausch - *Nelken* - et ils avaient insisté pour en voir des extraits tournés en 8 mm. Malgré la réticence de Dominique, explicable par sa modestie et sous le prétexte de la mauvaise qualité de ce document de travail, celui-ci finit par accéder à leur demande. Après tout, visionner le travail de Pina Bausch faisait partie du programme. Ils ont donc pu découvrir leur directeur de stage habillé en robe longue noire à bretelles totalement ridicule s'époumoner sur la scène jonchée d'œillet rouges en interpellant le public pour montrer qu'il pouvait effectuer les principales figures de la danse classique, les entrechats, les pirouettes et même le fameux Grand Jeté. Et c'était tellement troublant de voir ce personnage pathétique hurler les noms des figures qu'il exécutait impeccablement tout en faisant la démonstration que la technique seule n'est pas de l'art. Mais comment aurait-il pu faire cette démonstration s'il n'avait pas, justement, maîtrisé parfaitement cette technique ? Éloi voyait là un très grand danseur, et un artiste hors du commun.

Dominique avait à peu près son âge. Leur relation était clairement celle de l'élève à son professeur et il eut de rares occasions de parler avec lui. C'était au cours des pauses, ou quand il les emmena visiter le Tanztheater, et enfin lors de la réunion de bilan du stage, mais peu à peu une connivence s'établissait, dont l'origine remontait à cet instant où Éloi avait compris ce qui se passait là, et où Dominique avait vu qu'Éloi mordait à l'hameçon, acceptait sans regrets qu'on danse peu, au sens habituel du mot, dans ce stage. On était finalement là pour se poser cette question : non pas comment, mais pourquoi on danse, corps et âme, qu'est-ce qu'on a d'essentiel à dire quand on se donne à voir ?

La folie. Voilà la couleur de l'horizon vers lequel Éloi sentait que sa vie le poussait de plus en plus fort. Quelques jours après son retour de Wuppertal, il me le dit un soir, comme on avouerait un crime.

- Je veux danser, ne plus rien faire d'autre, j'ai vu ce que ça pouvait être, je l'ai touché du doigt, j'y ai goûté, et je sais que je ne pourrai pas. Il répéta en élevant la voix.

- Je sais que je ne pourrai pas, jamais, tout le monde le sait ! C'est pas une question de peur, ou d'argent, mais c'est comme si tu demandais à un chat de sauter à l'eau. Et ça me rend fou, tu sais !

Aline est venue me voir, un jour où justement Éloi était parti à Montpellier pour son cours de danse. À la différence de Florence, elle se moquait totalement du qu'en-dira-t-on et passait parfois chez moi, un petit moment, pour rien, comme si elle cherchait à comprendre pourquoi Éloi était devenu mon ami, et peut-être aussi tout simplement parce que, j'ose le penser, elle m'aimait bien. J'étais en pleine correction des cahiers d'élèves, et sa venue me permettait de respirer un peu.

Elle m'expliqua sans tourner autour du pot qu'elle commençait à se poser des questions. Cette femme magnifique n'allait pas s'abaisser à me demander vulgairement si j'étais au courant d'une aventure amoureuse d'Éloi. Et, si ça avait été le cas, elle n'en aurait pas fait un drame, elle avait totalement confiance en lui et était certaine de la solidité de leur couple. Elle s'inquiétait seulement de le voir de plus en plus rêveur, préoccupé, absent, ailleurs.

Elle envisageait d'arrêter ou de réduire son travail d'ostéopathe dont elle estimait avoir fait le tour, dans un microcosme beaucoup trop fermé sur lui-même à son goût, davantage préoccupé par sa quête du développement personnel que par le tourbillon de la vie des autres, les gens ordinaires accusés de manger n'importe quoi, de passer leurs soirées à regarder des émissions débiles à la télévision et de vivre comme des moutons. Elle éprouvait de plus en plus le besoin d'être dans le vrai monde, celui dont elle venait par ses parents, le même que celui d'Éloi. Elle se demandait de plus en plus qui elle était vraiment, et quelle personne était en train de devenir Éloi.

J'étais heureux de la confiance qu'elle m'accordait en me parlant aussi sincèrement de ses soucis, elle devenait ainsi mon amie, et, si elle n'avait pas été la femme d'Éloi, j'aurais peut-être couru le risque de tomber amoureux de cette si belle personne.

Je ne pouvais rien dire pour la rassurer, j'avais les mêmes inquiétudes qu'elle en assistant, impuissant, aux dérapages d'Éloi.

# 30

*Samedi 17 septembre 1983.*

*Certains soirs pendant le stage à Wuppertal, on nous a montré des vidéos de spectacles de Pina Bausch. Dès qu'un film était terminé, une avalanche de commentaires toujours très intelligents tentait de comprendre, d'expliquer, de percer le secret de ce travail.*

*Je ne participais pas à ce concours d'éloquence. Dans « Café Müller », quand la danseuse en robe rose apparaît dans le silence au fond de la scène et semble suspendue en l'air parce qu'un danseur habillé de noir placé derrière elle la saisit par la taille et la soulève, pour moi, c'est tout simplement beau, je ne vois pas ce qu'on pourrait dire de plus. C'est magique. Elle paraît tellement légère !*

*Et toujours cette envie de pleurer. Pourquoi ? Ça n'a pourtant rien de triste...*

*Je ne comprends pas la signification de ce que je vois et ça me préoccupe. Je ne dois pas être assez intelligent ? Et en même temps, bizarrement, j'aime ces larmes qui se bousculent sans raison au bord de mes yeux, elles me disent en surgissant que j'ai enfin accès à un secret, un monde inconnu, une porte qui s'ouvre devant moi.*

*Parfois, je comprends ceci : Pina Bausch raconte à sa manière des moments de vie très simples que je connais aussi, comme la joie, la tristesse, le rire, la souffrance, l'amour, et ça me suffit. Mais je sais aussi qu'il peut arriver que ce qu'elle croit drôle me fasse pleurer, ou le contraire, et que la même scène peut être ressentie différemment par des spectateurs différents ou par le même spectateur à deux moments successifs.*

*Elle s'amuse et c'est sérieux ! Par exemple, quand un danseur en costume de ville se déplace l'air soucieux devant une danseuse en robe longue en marchant plus vite qu'elle, comme s'il était pressé, se retourne vers elle en vérifiant qu'il y a entre eux la bonne distance, s'arrête et alors elle se laisse tomber vers lui, toute droite comme un arbre. Il la rattrape au dernier moment avec douceur et la remet debout d'une seule pièce comme si elle n'avait pas d'autre articulation que ses chevilles. On devine à travers le tissu léger de sa robe qu'elle s'aide pour se relever en pliant une seule jambe. Mais la robe longue permet cette illusion, nous fait croire qu'elle ne perd pas sa rigidité d'arbre en tombant, ni en se relevant. La scène se répète plusieurs fois pendant qu'ils se déplacent vers la sortie du plateau. On jouait à ça entre gamins, pour éprouver la peur et la confiance. Mais, dans cette scène, il y a un secret dont je ne sais rien, un drame, de l'amour, de la violence, et en même temps c'est raconté simplement, et j'ai encore une fois une boule dans la gorge !*

*Au cours de mes rêves, quand je vole, je ne tombe jamais. Je ne sais jamais combien de temps dure ce cadeau qui m'est donné. Mais je n'en vois jamais la fin parce qu'il n'y a pas de fin à cette séquence, elle s'arrête sans raison, comme si on appuyait par erreur sur le bouton stop de la caméra en pleine action. Ce qui est certain, c'est que je ne suis jamais tombé de là-haut.*

*Cette danseuse qui joue à tomber cherche peut-être par ce geste à nous montrer qu'elle ne croit pas qu'on peut voler, qu'on tombe toujours inexorablement, et qu'elle l'accepte ? Le sol est notre ennemi. Il nous attire de toute la force de la pesanteur pour nous écraser contre sa dureté de pierre, pendant que le ciel nous tend les bras mais nous ne savons pas comment le rejoindre.*

*Et cette scène où une danseuse balance de la terre d'une belle couleur ocre avec une pelle - je trouve dommage qu'elle ne sache pas bien la tenir - sur une autre danseuse qui se traîne par terre. Je ne sais pas ce qu'on me raconte là, sans doute une humiliation, de la violence, mais je sais que je vois ce geste à ma manière de maçon qui manie la pelle pour bâtir des maisons, pas pour troubler des spectateurs ! Elle me parle, cette danseuse, je reçois spécialement ce qu'elle me dit parce que je sais, moi, ce que c'est qu'une pelle, le sable, la terre, la pierre, l'eau ! Je pourrais proposer de leur montrer comment on tient une pelle, parce que je trouve dommage que ce geste soit raté, faux. Inefficacité, gaspillage d'énergie. Comme si le fait de tenir un outil empêchait la danseuse de bouger avec grâce. Comme si le travail était forcément incompatible avec la beauté !*

*Et aussi : au-delà du beau, du laid, du ridicule, de l'exagéré, du violent ou du doux, je crois que ce qui est raconté doit d'abord être vrai. Mais la vérité d'un maçon n'est sans doute pas la même que celle d'une danseuse ? Et c'est ce qui m'empêche de voir ce qu'elle essaie de me raconter avec sa pelle mal tenue ? À moins que sa maladresse dans le maniement d'un outil qu'elle ne connaît pas soit volontaire, dans le but de renforcer la laideur de cette action ? Je me perds, je me cogne aux bords de moi, je ne comprends rien à ce que je fais ici. Ou je comprends trop bien que je n'y suis pas à ma place.*

*Un geste vrai, c'est un geste qui a vraiment quelque chose à dire, d'une façon personnelle. Même la folie qu'expriment certains gestes exagérés peut être sincère. Beaucoup de danseurs s'imaginent que ce qui compte c'est de faire une pirouette que personne n'avait faite auparavant. Alors que l'important c'est que ce mouvement vienne du fond de toi, de ton envie violente, impérieuse.*

*Nous regardons une vidéo du spectacle « Kontakthof ». C'est le bal, que je connais si bien ! Deux danseuses en robe noire moulante parcourent le plateau en marchant sur la pointe des pieds. Leur démarche est ridicule, comique. Si on ne regarde pas attentivement, on pourrait croire qu'elles portent des chaussures à talons aiguille, alors qu'elles vont pieds nus. Elles déambulent rapidement sur le plateau avec des gestes fébriles, tirent sur leur robe, remettent en place une bretelle de soutien-gorge, ajustent leur culotte, à moins qu'elles ne se grattent les fesses. Et je me dis - mais alors c'est possible ! On peut faire ça sur une scène, pour faire rire, penser, pleurer ? Pourquoi ce geste vulgaire, osé par ces danseuses, devient-il tout à coup de l'art ?*

*Pina Bausch fait la chasse aux gestes faux, inutiles et machinaux, comme se repeigner, se toucher le nez, croiser et recroiser les jambes. Elle les collectionne pour les donner à voir dans leur absurdité.*

*On voit des hommes en costume de ville, cravate et souliers cirés qui gesticulent frénétiquement en avançant vers les femmes encore plus hystériques sur une musique endiablée. Je suppose que cette scène représente le mélange de ridicule et de pathétique de la drague dans une salle de bal ? Ce n'est absolument pas comme ça que ça se passait au bal du samedi soir à Montblanc, mais peu importe.*

*Puis tout le monde disparaît et quatre hommes restent sur le plateau, et on voit alors que ce sont de vrais, d'excellents danseurs. En fait, tous ces gens ont accepté pendant un instant d'oublier la beauté de la danse, de maltraiter l'élégance de leurs corps à travers des gestes extravagants.*

*Et je me dis que peu importe le nom qu'on donne à ce qui se passe là, danse, théâtre, mime, musique, poésie. Ce qui compte c'est ce qui transpire de cette scène, comment je ressens ce qu'ils veulent me transmettre. Et qui me donne envie de pleurer. Encore !*

*C'est ainsi que je découvre que ce qui déclenche cette envie de pleurer, ces larmes qu'on retient ou qu'on peut lâcher sans pudeur si on est seul, ce n'est pas toujours le malheur mais ça peut aussi être l'émotion devant le beau, la sensation de partager, d'être complètement en harmonie avec une autre personne. Comme si on se confondait avec elle, si on était devenu elle.*

*Dans la scène où de nombreux hommes entourent une femme en rose et la tripotent, la soulèvent, la bousculent, lui tirent le nez, lui tapent sur les fesses, alors que son visage reste totalement fermé, inexpressif et qu'elle se laisse faire comme une morte, on souffre autant de cette torture d'une femme seule que de la déchéance de tous ces mâles ridicules qui se permettent ces gestes irrespectueux parce qu'ils sont des hommes et qu'ils sont nombreux.*

*Je comprends peu à peu qu'ici on n'est pas dans le monde du factice, on ne joue pas à faire semblant. Pina Bausch ne demande pas aux danseurs qui travaillent avec elle de se transformer en une espèce d'ange ou de démon surnaturel, ni de créer un personnage imaginaire, idéalisé et extraordinaire. Il s'agit de chercher au fond de soi qui on est et de le montrer avec ironie ou tendresse mais sans tricher.*

*Est-il donc possible qu'un maçon danse sans devoir tenter de faire oublier qu'il est maçon ? Possible que la même personne soit le maçon et le danseur qu'on regarde sur la scène ? Moi ?*

# 31

On était en fin d'après-midi, un lundi d'avril, à Montpellier. Éloi venait de son cours de danse hebdomadaire au studio de Label Danse et il se dirigeait vers le parking où il avait laissé sa voiture. En arrivant sur la place de la Comédie, il aperçut à l'autre extrémité, du côté de l'Esplanade, d'étranges volatiles qui tournoyaient mystérieusement. Il n'était pas pressé, il s'approcha donc, incorrigible curieux.

Ils étaient une douzaine, c'étaient les derviches tourneurs dans leurs belles robes et leurs grandes toques cylindriques. Éloi s'arrêta devant eux, fasciné. Un dépliant publicitaire à la disposition des badauds sur une petite table expliquait sommairement leur démarche. Il y était question de tradition ancestrale, de voie d'élévation psycho-spirituelle soufie, quelque part entre religion, art, et performance physique et mentale.

Mais les mots imprimés sur ce document pédagogique n'étaient pas d'une grande utilité pour Éloi qui ressentait dans son corps quelque chose de totalement nouveau devant ce spectacle. Comme si ces danseurs étaient des poupées géantes ou des toupies qu'une force invisible faisait tourner sur place, sans le moindre effort de leur part. Les yeux fermés ou entrouverts, la tête légèrement penchée sur le côté comme s'ils dormaient, ils effectuaient un tour complet sur eux-mêmes en une seconde environ, dans le sens contraire des aiguilles d'une montre. La plupart étaient vêtus de blanc, certains de rouge ou de jaune, mais toujours d'une seule couleur unie. Leurs jupes, surtout, étaient magnifiques, largement déployées vers l'horizontale par la force centrifuge leur donnant la forme d'une corolle inversée. Un seul, apparemment plus âgé, qui ne dansait pas mais tournait beaucoup plus lentement dans le même sens en se déplaçant au milieu du groupe, portait une sorte de manteau sombre, comme s'il était le maître de cérémonie. Un des danseurs introduisait parfois la seule variante à cette transe monotone en penchant presque à l'horizontale son buste vers l'avant, dans un geste d'abandon ou de souffrance, créant un déséquilibre apparent. Mais il se redressait sans peine au bout de quelques secondes.

Comment pouvaient-ils tourner si vite et si longtemps sans avoir la nausée ? Ça avait un aspect magique, un peu inhumain, obsédant. Le dépliant expliquait que c'était une question d'entraînement intensif, précisant que la position de la tête, légèrement penchée sur le côté, était une des clés de leur secret, en rapport avec l'oreille interne.

Et voilà qu'après la quête de la perfection technique dans la danse classique, dont il avait aperçu l'exigence cruelle et la grandeur en lisant la biographie de Noureev, puis la quête de sens, de vérité et d'humanité généreuse de Pina Bausch, Éloi découvrait qu'on pouvait aussi consacrer sa vie au mouvement du corps, pour le plaisir et la beauté, par un chemin qui lui était totalement étranger. Il avait toujours eu une forte réticence pour tout ce qui évoquait le mysticisme et l'ésotérisme qui rôdaient obstinément dans le milieu des patients d'Aline. C'est pourquoi se retrouver fasciné, séduit et bouche bée devant ces Turcs hallucinés le troublait profondément.

Sans chercher à se l'expliquer, il trouvait cette chose qu'il ne savait pas nommer - danse, cérémonie, spectacle, rite ? - extrêmement belle, forte, et vraie. Il y avait de la musique mais les danseurs ne la suivaient pas, et on n'aurait pas su dire si ce qui se passait là était joyeux ou triste. Les visages des danseurs n'exprimaient rien d'autre qu'une paix absolue. Sans lui en demander l'autorisation, hypnotisée, sa tête suivait les rotations, une par seconde, et il n'arrivait pas à s'en aller alors qu'il était attendu chez lui pour l'anniversaire du petit Guilhem.

Ce qui le retenait, surtout, c'est qu'il retrouvait là cette sensation d'apesanteur qu'il cherchait à travers la danse. Tout concourait à cette évocation de l'envol. Les danseurs commençaient à tourner en gardant les bras croisés, puis soudain, comme des oiseaux déployant leurs ailes, ils les écartaient largement. Une main était tournée vers le ciel, l'autre vers la terre. Leurs yeux semblaient dormir paisiblement. À cause de ces grandes jupes qui faisaient oublier leurs pieds et leurs pas de danse, on ne pouvait s'empêcher d'attendre qu'ils décollent et disparaissent dans les nuages.

Ils tournaient, tournaient sans cesse, et on aurait pu croire qu'ils ne s'arrêteraient jamais. Pas d'avant ni d'après, miraculeusement, le temps n'avait plus cours. Cette impression était renforcée par l'absence d'adéquation entre le rythme de la musique et celui de leur danse. C'est d'ailleurs sans doute pour ne pas assister à la fin du miracle qu'Éloi se décida à rentrer chez lui, bouleversé : il voyait, sentait, partageait mentalement une expérience extraordinaire tout en sachant qu'il ne pourrait jamais la vivre. La prise de conscience qu'il existait une infinité de manières d'être un humain l'emplit de joie et d'angoisse en même temps.

## 32

*Samedi 18 février 1984.*

*Monsieur Berteaux s'est bien moqué de moi ce matin. Il était plié de rire en me voyant chercher la bétonnière dans l'entrepôt, derrière la pile des barres d'échafaudages. J'étais vraiment certain qu'elle était là, puisque je l'y avais rangée.*

*- Tu es de plus en plus dans la lune, Éloi ! On l'a laissée hier sur le chantier, tu m'as même demandé si ça risquait rien, avec tout ce qu'on raconte dans le journal sur les vols de chantier.*

*Oui, c'est vrai, je suis dans la lune ! Comme Cyrano, mon frère, mon parrain, mon modèle. Philippe a beaucoup insisté pour que je lise la pièce de théâtre avant d'emmener Aline voir le film avec Depardieu. Il avait raison, ainsi je retrouvais les vers et les rimes, cette langue n'était finalement pas si compliquée, et je comprenais mieux l'histoire. Aline a pleuré à la fin, bien sûr, et moi aussi, alors elle s'est gentiment moquée de moi en me voyant m'essuyer les yeux quand la lumière du cinéma s'est rallumée. Et elle m'a dit : je t'aime parce que tu n'es pas comme les hommes qui se cachent, d'habitude, pour pleurer.*

*J'ai une assez bonne mémoire, je retrouve ces vers sans avoir besoin d'ouvrir le livre :*

*« Le Bret, je vais monter dans la lune opaline,*
*Sans qu'il faille inventer, aujourd'hui, de machine…*
*Mais oui, c'est là, je vous le dis,*
*Que l'on va m'envoyer faire mon paradis.*
*… Vous voyez, le rayon de lune vient me prendre ! »*

*Je n'ai pas dit à mon patron que c'était en rêve que j'avais rangé la bétonnière dans l'entrepôt ! Mes rêves sont toujours aussi précis et réalistes. Et j'ai un peu de mal à reconnaître qu'ils ne sont que des rêves. Je me vois ranger la bétonnière, je sens son poids quand je l'ai décrochée de la camionnette, l'effort dans mon dos pour la pousser en râlant de me retrouver seul à ranger. Tout ça est parfaitement réel et reste imprimé dans ma mémoire comme de vrais évènements. C'est amusant, le plus souvent. Parfois beaucoup moins !*

*Philippe, grand amateur de chanson française, n'écoute pas que Jacques Brel, il a aussi quelques disques de Claude Nougaro. Il est passé un soir à la maison pour me faire écouter la « Chanson pour le maçon ». Cette attention m'énerve un peu, je me sens parfois bête de foire devant le regard de ces intellos et artistes, avec leur tendresse charitable pour la classe ouvrière ! Et, en même temps, ça m'a fait plaisir de savoir que Jacques Audiberti était fier de dire que son père était maçon, et que Nougaro avait écrit cette chanson magnifique. Un peu pour moi ?*

*« Jacques Audiberti, dites-moi que faire*
*Pour que le maçon chante mes chansons*
*Eh bien, mon petit, va-t'en chez mon père*
*Il te le dira, il était maçon »*

*Si on me demande qui je suis, pas besoin de répondre, ça se voit tout de suite, j'ai bien un corps de maçon, des muscles et des mains de maçon. Et je passe mon temps à utiliser mes bras et mes jambes pour déplacer des choses pesantes, du ciment, des pierres, des tuiles… Et quand je travaille, mes muscles servent à déplacer mon propre corps* EN PLUS *de ce que je transporte. Ça n'a rien à voir avec ce que je ressens quand je bouge un bras sans pelle ou truelle à la main, seulement pour qu'il existe, ce bras, qu'il dessine des courbes, des lignes, qu'il me fasse sentir comment il m'obéit et parfois m'échappe. Comment je me sens léger, comme le cosmonaute américain qu'on voit sautiller sur la Lune ! C'est mon rêve le plus fou : danser nu sur la Lune, … juste un instant … mais c'est pas possible, à cause de l'oxygène.*

*Parfois, quand je danse, je fais une chose inhabituelle, anormale, puisqu'on nous apprend que le mouvement doit être fluide, ne jamais s'interrompre : je m'arrête de bouger, comme quand on jouait dans la cour de l'école à faire la statue, quelques secondes. Et je jouis alors de savoir que je vais bientôt repartir, je vois ce qui va se passer, comme le plongeur tout en haut de son plongeoir, mais sans la peur de sauter, avec seulement le plaisir d'imaginer le bonheur à venir !*

# 33

Voilà déjà deux ans que sœur Marie-Ange a été envoyée par l'évêché à la maison de retraite de Notre-Dame du Dimanche. Une lettre élogieuse l'accompagnait, faisant état de sa gentillesse et de son efficacité. Elle était auparavant garde-malade au Sénégal dans un hospice qui avait fermé ses portes faute de crédits. Sa peau foncée, sa jeunesse et son sourire inébranlable en ont très vite fait une personne à part dans cette communauté silencieuse et terne. Elle a gardé une âme et une voix d'enfant et elle en joue, peut-être devine-t-elle que c'est pour cela que tout le monde ici l'aime bien ? Elle chantonne doucement une chanson en wolof en traversant la cour déserte, personne n'est là pour la gronder. Il est encore tôt, et elle va arroser les plantations de menthe qu'elle a installées au pied du clocher, entre ombre et soleil, comme le lui a appris sa maman là-bas, il y a bien longtemps.

Elle a remarqué qu'un couple de faucons crécerelles niche dans le clocher. Elle entend parfois leurs cris amusants ki kri ki ! Les taches de leurs fientes dégoulinent le long des pierres, et la directrice est furieuse contre eux, mais personne n'aurait le courage de grimper en haut du clocher pour les déloger. Ce matin, les cris sont différents des autres jours, et sœur Marie-Ange est intriguée. Elle pose son arrosoir, regarde en l'air, et voit la maman, ou le papa faucon, comment savoir, qui vole sur place, on dit qu'il fait alors « le Saint-Esprit ». Les plumes de sa queue sont en éventail, il penche sa tête vers le sol en battant rapidement des ailes. Le soleil levant l'éclaire par-derrière et l'ensemble du tableau rappelle étrangement l'image pieuse qui sert de marque-page dans le missel de sœur Marie-Ange. On y voit le Saint-Esprit qui a pris la forme d'une colombe en vol stationnaire pour veiller au bon déroulement du baptême de Jésus-Christ. Mais elle ne va pas chercher à lire un message divin dans ce comportement d'un oiseau affolé. Elle comprend vite qu'il lui montre un oisillon qui est tombé du nid. Elle le trouve au milieu des feuilles de menthe qui ont amorti la chute, la bouche grande ouverte, attendant la becquée qui ne vient plus. La maman crécerelle ne pourra pas récupérer son oisillon, sœur Marie-Ange ne pourra pas grimper au clocher pour le lui ramener, et, s'il restait là, les deux gros matous qui règnent sur la maison de retraite ne lui laisseraient aucune chance.

Elle l'a donc emporté avec elle dans sa chambre, en passant par la cuisine où elle a dérobé un reste de chair à saucisse qui traînait dans le réfrigérateur. Elle devait se dépêcher pour aller ouvrir la grille d'entrée au maçon qui arriverait à huit heures pour refaire le crépi de la façade de la chapelle.

Éloi, qui venait souvent travailler à Notre-Dame du Dimanche, avait remarqué cette nonne marrante qui riait de bon cœur à ses blagues innocentes. Il la salua de la camionnette :

- Alors, sœur Marie-Ange, toujours pas de miracle, Jésus n'est pas encore passé pour changer l'eau du puits en vin ?

- Non, Monsieur Éloi, et comme vous pouvez le constater, il ne m'a pas rendue blonde ! Elle a du mal à terminer sa phrase, bousculée par son rire en forme de vocalise suraigüe.

Éloi l'aimait bien pour sa liberté de ton, son goût pour la vie terrestre et son ignorance apparente du péché de gourmandise qui lui donnait ses formes généreuses. En sa présence, il abandonnait ses provocations anticléricales les plus virulentes et il lui épargnait les cantiques blasphématoires qu'il réservait aux bigotes du village. Il voyait bien que cette femme déracinée n'avait rien de la foi austère et rabougrie de ses consœurs. Les voies du Seigneur sont impénétrables, pensait-il, et sans doute bien différentes en Afrique, surtout quand on a connu la faim.

En fin de journée, pendant qu'il rangeait ses outils, elle revint le voir en catimini avec l'air d'un enfant en train de faire une bêtise. Elle tenait une petite boîte en carton.

- Monsieur Éloi, il faut sauver ce petit, il est tombé du clocher, je l'ai recueilli ce matin, mais la directrice l'a su et m'ordonne de le jeter dehors ! C'est de la charité chrétienne, ça, abandonner une créature de Dieu ? Sœur Marie-Ange était au bord des larmes en suppliant Éloi. Elle le dépassait d'une bonne tête et devait sans doute peser le double de son poids, ce qui rendait d'autant plus insolite sa voix haut perchée.

- Il va mourir à coup sûr, emportez-le, je vous en prie. C'est un faucon crécerelle, il deviendra vite un bel oiseau, dans un mois il saura voler et peut-être pourra-t-il rejoindre sa famille ? La minuscule boîte entrouverte qu'elle tenait entre ses bras robustes laissait voir une boule de poils ou de duvet blanchâtre de la taille d'un poussin. L'oisillon était très laid, avec de gros yeux noirs et une bouche d'affamé beaucoup trop grande par rapport à sa taille. Il n'était pas encore capable de se tenir sur ses pattes.

Éloi connaissait bien le faucon crécerelle, il en voyait souvent « faire le Saint-Esprit » pour guetter les pauvres campagnols qui leur serviraient de repas. Il accepta d'emporter la boîte en se moquant gentiment :

- En plus, c'est le bon Dieu qui nous l'a envoyé, puisqu'il est tombé du clocher ! Alors, j'ai pas le choix !

Éloi ne se doutait pas alors que ce poussin pitoyable allait prendre une place aussi envahissante dans sa vie. Les premiers jours, il garda l'oisillon dans une caisse en bois garnie d'un vieux pull en laine, le nourrissant trois fois par jour avec du steak haché. Guilhem, quand il rentrait du lycée, le regardait avec curiosité et commençait à s'y intéresser, mais Aline trouva vite l'odeur insupportable et demanda gentiment mais fermement à Éloi de l'emporter dans le garage.

Éloi se souvenait de sa visite à Peyrepertuse et du spectacle du fauconnier. Il se demandait s'il pourrait apprivoiser cet oiseau. Il avait vu récemment par hasard à la télévision « Kes », un des premiers films de Ken Loach, dans lequel un gamin vole un oisillon de crécerelle dans un nid et le dresse patiemment. Il alla le samedi suivant à la librairie « Le Livre Penseur » à Béziers et demanda un livre sur la fauconnerie. Éloi éprouvait toujours cette même panique devant la difficulté de choisir un livre, qui l'avait toujours empêché d'entrer dans une librairie. Mais, cette fois, il savait ce qu'il cherchait et, après lui avoir posé quelques questions, la libraire l'aida à choisir parmi quelques titres *L'art de la fauconnerie,* un petit livre illustré de belles photos et de croquis explicatifs, en lui apprenant que ce qu'il s'apprêtait à faire était à son avis interdit, le faucon crécerelle étant une espèce protégée.

- C'est idiot, si je m'en occupe pas, il va crever, justement, je le protège, moi ! La vendeuse était bien de son avis.

Il se plongea dans le livre dès son retour. Il apprit ainsi que si le faucon était imprégné de son odeur d'humain, s'il remplaçait ses parents, cet oiseau ne pourrait plus jamais retourner à l'état sauvage. La question de l'interdiction ne lui posait pas de problème, il était en accord avec sa conscience et, d'ailleurs, qui irait le dénoncer à Blomilhac ?

Il se rendit compte que sa décision était déjà prise. Il voulait faire vivre cet oiseau, et donc le protéger. Il commença par le baptiser. En hommage à sœur Marie-Ange qui l'avait recueilli au pied du clocher, Éloi le nomma Mi-ange. Mi-ange avait froid, peur, faim et soif. Il entreprit donc de le rassurer, en le tenant bien au chaud contre son ventre. Il comprit vite en parcourant son livre que la fauconnerie était d'abord l'art de la chasse, dans laquelle le faucon est utilisé par l'Homme à la place de l'arc ou du fusil, ce qui ne l'intéressait pas vraiment. Il se concentra sur les pages consacrées à la nourriture : petits rongeurs, lézards, lombrics, criquets et cigales. Une assiette avec de l'eau à proximité. Il tenterait d'apprendre à Mi-ange à chasser pour se nourrir et, sinon, il chasserait pour lui. Faute de gibier, il lui donnerait du steak haché les premiers mois puis des morceaux de poulet. Il lui inventa une petite chanson : Mange, Mi-ange, mon demi-ange gardien…

Le duvet est rapidement passé du blanc au gris, s'est transformé en plumes, entre gris, noir et brun, et, comme promis par sœur Marie-Ange, Mi-ange, qui avait doublé de taille, a commencé à voleter dans le garage au bout d'un mois. Ses serres étaient déjà bien acérées et Éloi, comme c'était indiqué dans son livre, se protégeait la main droite d'un vieux gant en cuir sur lequel Mi-ange venait se poser pour prendre de petits morceaux de viande crue.

Pour lui apprendre à chasser, il reproduisit ce qu'il avait vu dans le film de Ken Loach : il fallait faire tournoyer en l'air dans un grand espace dégagé un petit morceau de viande au bout d'une longue ficelle pour que l'oiseau l'attrape en vol. Il avait peur au début que Mi-ange s'échappe, mais, comme il l'avait lu, tant qu'il offrirait à l'oiseau nourriture et sécurité, dans la mesure où il n'avait pas connu ses parents, il ne chercherait pas à partir.

Fatigué de tous ces exercices, Éloi s'allongeait parfois dans l'herbe et observait Mi-ange qui tournait au-dessus de sa tête, inlassablement. Il était devenu un bel oiseau. Les ailes déployées, il devait atteindre les soixante-dix centimètres, et d'après la couleur de ses plumes, la tête, la nuque et les côtés du cou gris bleuté, c'était un mâle. Éloi volait par procuration, enviait particulièrement son nouvel ami quand il orientait ses ailes grandes ouvertes face au vent et pouvait rester presque immobile sans effort.

## 34

Aline a dû s'occuper des vertèbres d'un patient très particulier. C'est une de ses amies qui avait pris le rendez-vous à sa place et qui l'avait accompagné la première fois. La raison en était que ce personnage étrange, plutôt bel homme, mince et élancé avec un air d'hidalgo ténébreux, était sourd. Et donc ne pouvait pas parler. Aurélie, l'amie d'Aline, lui expliqua que ce jeune homme, Pablo, était danseur professionnel, et mettait parfois son corps à rude épreuve. Il pourrait lui expliquer ses problèmes d'articulations par écrit, il avait toujours avec lui un stylo et un petit carnet.

Mais Pablo, dès la deuxième séance, tenta d'entrer en contact sans écrire, ce qui, allongé en sous-vêtements sur la table de soins, aurait d'ailleurs été compliqué. Son corps était son outil de travail, il savait s'en servir pour communiquer par la danse, et il lui était donc naturel d'utiliser un système de gestes et de mimiques aussi efficaces que des phrases écrites sur un papier pour exprimer ses demandes en matière de soins. Aline entra avec plaisir dans ce jeu, et comprit vite que, sur ce chemin, elle déboucherait tôt ou tard sur le langage des signes, ce système complet élaboré pour les malentendants avec son vocabulaire, sa syntaxe et sa grammaire. Pablo, bien sûr, le maîtrisait parfaitement.

C'est ainsi qu'elle décida d'apprendre à « signer », pensant que cela pourrait lui être utile si elle devait un jour s'occuper d'autres patients sourds, peut-être aussi parce que ce drôle de toréador l'intéressait et peut-être même l'attirait, ce qui s'avéra sans risque puisqu'il lui expliqua dès la troisième séance qu'il était homosexuel. C'était avant qu'elle apprenne le langage des signes, il utilisa donc des gestes tout à fait évocateurs pour signifier son orientation sexuelle, sans aucune gêne, en s'amusant de l'étonnement d'Aline. Pablo était un homme joyeux, à l'esprit vif. La danse lui avait permis d'oublier totalement son handicap, peut-être même d'en profiter pleinement, et il expliquait à Aline que si les aveugles pouvaient être d'excellents musiciens, comme Ray Charles et Stevie Wonder qu'il adorait regarder dodeliner de la tête en frappant sur les touches d'un piano, les sourds pouvaient tout aussi bien danser dans la paix du silence !

L'Académie de la langue des signes française proposait des stages intensifs de trente heures. Aline, sans hésiter, s'y inscrivit en prenant une semaine sur ses congés annuels. À son tour, elle découvrait le sens et la subtilité des mouvements de ses mains, de ses bras et de son visage, elle y prenait plaisir et se réjouissait de se rapprocher par là d'Éloi et de sa passion pour la danse.

Quand elle revint du stage, toute fière de son nouveau savoir, Éloi lui demanda pour s'amuser de lui apprendre quelques gestes qui leur permettaient parfois de communiquer à l'insu des enfants, comme certains parents le font en utilisant une langue étrangère, ou en épelant le mot caché. Les parents d'Éloi avaient ainsi échangé autrefois quelques secrets d'adultes en parlant devant lui en occitan, qui était simplement pour eux le patois, jusqu'au jour où il leur révéla qu'il les comprenait parfaitement.

Mais, au-delà de la bonne blague, peu à peu, il ajoutait cette panoplie gestuelle à son vocabulaire de danseur et il raconta à Aline qu'on leur avait montré à Wuppertal une vidéo du spectacle de Pina Bausch *Nelken* dans lequel un danseur « signe » toute la chanson *The man i love* chantée par Billie Holiday, et, comme à cette époque il ne connaissait pas du tout le langage des signes, il avait cru dans un premier temps que c'était encore une façon originale de danser, ne s'étonnant plus de rien dans cet univers imprévisible de Pina Bausch !

# 35

*Samedi 14 juin 1986.*

*Encore une fois, c'est un rêve qui m'a réveillé, en pleine nuit. Troublé, mal à l'aise, inquiet. Je dansais avec Pablo. J'étais devenu sourd comme lui. Un rêve silencieux. Mais, d'ailleurs, je me demande si les rêves ne sont pas le plus souvent silencieux ? Bref, il tournait lentement autour de moi. Il était torse nu, très beau, un sourire malicieux accroché à son visage de toréador. Le regard perçant de ses yeux noirs, les cheveux courts, de fines rouflaquettes sur les tempes, les muscles saillant sous sa peau étonnamment claire contrastant avec les poils noirs de son poitrail, il dégageait une impression de virilité conquérante mais en même temps très élégante. J'étais aussi grand que lui, dans ce rêve, et je dansais avec autant d'aisance. La scène se déroulait étrangement sur la place déserte de Blomilhac, la nuit, à la lumière de l'éclairage municipal.*

*Notre danse devenait peu à peu de la danse-contact, j'aimais beaucoup son odeur raffinée de produit de toilette, la chaleur de son corps, la douceur de nos effleurements, je me laissais aller, je ne pouvais pas lui dire que je ne suis pas homosexuel, j'essayais de le lui montrer, et, en même temps, je me disais que ce n'était pas important, que nous dansions seulement. Je craignais quand même que quelqu'un nous surprenne, là, sur la place du village, en pleine nuit. Il fallait se concentrer sur nos mouvements, chercher ensemble à en inventer de nouveaux, plus beaux, mais son sourire m'ensorcelait, son contact me troublait, j'y prenais plaisir, j'entrais dans ce jeu de séduction et je me sentais glisser inexorablement vers quelque chose d'effrayant, de merveilleux et de tellement intense que ça m'a réveillé en sueur, le cœur cognant douloureusement dans ma poitrine.*

*Je n'aime pas ce rêve. Faut-il devenir homosexuel pour être danseur ? Ou est-ce que je le suis depuis toujours sans le savoir, et c'est pour ça que je danse ? J'ai pourtant toujours autant d'amour pour Aline, et de plaisir au lit avec elle ! Mais il est vrai que je m'éloigne de plus en plus des copains qui braillent au café devant les matches de rugby. Et ils pensent sans doute que je ne suis plus tout à fait un vrai homme ? Ils font peut-être des plaisanteries sordides à mon sujet ? Pablo est sourd-muet, danseur, et d'une grande richesse humaine. Aline, qui me l'a présenté le soir où on l'a croisé par hasard dans une rue de Béziers, a donc le droit d'éprouver de la sympathie et de l'amitié pour lui et pas moi, sous prétexte qu'il est homo ?*

*Ce matin, le vent du nord a arraché des tuiles des toits. Du boulot supplémentaire pour lundi ! Il faisait se courber les cyprès du cimetière et claquer les volets mal attachés. Je suis certain que, parfois, Mi-Ange s'amuse, ce qu'il fait ne lui sert à rien pour attraper de la nourriture, il a bien le droit, non ? Il s'avance le plus possible contre le vent, par petites étapes, comme des montagnes russes, puis monte très haut dans le ciel et se laisse porter, j'ai l'impression qu'il cherche à battre un record de vitesse. Il me rappelle un livre que j'ai offert à Paul pour son anniversaire, sur les conseils de Philippe : Jonathan Livingston le goéland. Magnifique !*

# 36

Je travaille à ses côtés depuis de nombreuses années maintenant et je m'aperçois que je ne sais pas grand-chose de Florence. Elle semble faire partie de ces gens qui vivent, tout simplement, sans faire d'histoires. Ils n'ont rien à prouver, n'ont pas à justifier leurs choix, ou leur mode de vie, et ça ne signifie pas pour autant que leur existence est terne ou vide.

Elle m'intrigue, alors je cherche comme je peux. J'ai déjà découvert en tombant par hasard sur son bulletin de salaire qui traînait par terre à côté de son bureau qu'elle a cinq ans de plus que moi. Cette information conforte l'impression de maturité désinvolte qu'elle dégage : on sent qu'elle a vécu. Nous avons un point commun : elle a tourné une page importante de sa vie, et elle joue à croire que le passé peut s'effacer d'un coup d'éponge comme le tableau noir de sa classe.

Un jour, un jeune homme a débarqué à Blomilhac. Je n'ai aperçu ce garçon qu'une fois, quand il est arrivé un vendredi en fin d'après-midi avec le bus de Béziers, mais son image est restée gravée dans ma tête avec une étonnante précision. Il était grand et bel homme, les cheveux crépus et la peau foncée, il pouvait avoir 18 ou 20 ans. En blouson de cuir et sac à dos, il est entré dans l'épicerie où j'étais venu acheter du pain, pour demander où se trouvait l'école. Alors que le printemps était déjà bien avancé, il semblait avoir froid et serrait ses bras croisés sur son ventre pour se réchauffer. Quand il est apparu, les bavardages ont aussitôt cessé et tous les yeux se sont attardés avec insistance sur la couleur de ses joues, très sombres avec des reflets bleutés, et sur sa coiffure afro me rappelant Jimmy

Hendrix. Quand il est ressorti muni du précieux renseignement, le silence a perduré longtemps. Les questions, les commentaires et les hypothèses trépignaient dans les crânes, les yeux grands ouverts et les bouches bées en disaient davantage que toute parole. Personne ne voulait être le premier à oser briser le silence. Je suis vite parti avec ma baguette sous le bras avant de subir l'avalanche. J'étais intrigué, bien sûr, moi aussi. Il a passé trois jours au village, et j'ai l'impression qu'il est resté tout ce temps enfermé chez Florence. C'était pendant les vacances de Pâques, je n'avais donc aucune raison de venir à l'école.

Florence a mis longtemps à me laisser entrevoir, goutte à goutte, une partie de son histoire. Je ne devais rien demander, attendre que ça vienne, j'avais l'habitude avec elle.

Le père d'Adama vivait au Sénégal. Il était professeur de français dans un lycée de Kaolack. « La capitale mondiale de la cacahuète ! », déclara Florence en riant. Il faisait partie d'une troupe de théâtre militant, et Florence l'avait rencontré dans les locaux de l'Alliance française où ils avaient été engagés. Dans cette compagnie, tous les acteurs étaient aussi musiciens, chanteurs, danseurs, acrobates, mais lui restait assis sur le devant de la scène, une kora entre les mains, et sa fonction était celle du conteur, du commentateur. Sa belle voix passant avec agilité du rugissement à la douce caresse avait irrésistiblement emporté Florence. Je ne saurais jamais comment est arrivé Adama, décision concertée ou accident assumé ? J'ai compris qu'elle a tenté de croire à cette histoire improbable, de rester à Kaolack, d'y enseigner, mais elle est rentrée en France au bout d'un an, en laissant le bel Adama à son père et à ses deux épouses.

Elle est retournée là-bas plusieurs fois pour voir son fils, et elle y a toujours été la bienvenue. Lui n'était encore jamais venu en France, et, apparemment, la lettre annonçant sa visite s'était perdue en route. J'imagine sans peine la surprise et le bonheur de Florence en lui ouvrant la porte ! À la suite de ces trois jours, elle est partie avec lui jusqu'à la fin des vacances pour lui faire voir Paris, je crois qu'elle aurait bien aimé qu'il ait envie de poursuivre ses études en France, il voulait être médecin, mais il est reparti sans regrets retrouver sa famille et son pays. Peut-être que ce court séjour avait suffi pour lui montrer que la France n'est pas aussi accueillante qu'elle le prétend pour les visiteurs à la peau foncée.

Florence, étonnamment, acceptait cette situation, cet arrachement. Elle ne regrettait rien, gardait bien au chaud dans son cœur le merveilleux souvenir d'une belle échappée, s'en nourrissait, et vivait le présent le mieux possible. Quelques statues en bois et un beau rideau en batik représentant deux femmes qui pilaient le mil décoraient sa classe et montraient que le cordon n'était pas tout à fait rompu.

Non, Adama n'était pas son secret honteux, et, s'il était resté plus longtemps, s'il avait voulu poursuivre ses études en France, elle me l'aurait présenté, se serait promenée à son bras dans les rues de Blomilhac sans la moindre gêne.

Mais ce n'était pas le cas, ce passage éclair n'était qu'une parenthèse sans suite envisageable, et elle estimait simplement que l'existence de son fils ne nous concernait pas, que nous devions nous contenter de la partie de sa vie qu'elle voulait bien partager avec nous.

C'est seulement après son cours magistral sur le figuier que je l'ai interrogée sur sa passion pour la botanique, et que j'ai découvert l'immensité de ses connaissances qu'elle aurait sans cela gardées pour elle. Attitude paradoxale pour une enseignante dont on attendrait qu'elle s'efforce systématiquement de répandre son savoir, comme j'ai tendance à le faire, au risque de devenir parfois envahissant et ennuyeux. On ne force pas un âne qui n'a pas soif à boire ! Elle le sait et a donc la sagesse de ne pas imposer aux autres son univers personnel, mais il suffit qu'on vienne vers elle pour qu'elle ouvre grand sa porte.

La soirée avec Astrid et Éloi au cours de laquelle nous avons découvert le travail de Pina Bausch m'a fait découvrir une Florence à l'esprit curieux et ouvert, à la réflexion aiguisée sur le thème de la création artistique. Les questions qu'elle a posées à Astrid montraient un intérêt pour la danse, inattendu de la part d'une femme que je voyais plus facilement courir la campagne en Pataugas et nourrir ses lapins que se trémousser dans une soirée arrosée entre copains, ou faire des étirements à la barre à Label Danse avec Éloi.

J'étais intrigué, et, quelques jours plus tard, au moment de nous séparer le soir après avoir fermé la grille de l'école, je me suis jeté à l'eau :

- Tu avais l'air de t'intéresser à la danse l'autre jour chez Éloi. Concernée, même. Je me demandais si tu avais pratiqué la danse un jour, ou si ça t'arrive encore aujourd'hui ? Elle s'est plantée en travers de la rue, m'a regardé un moment en silence, elle se demandait sans doute si elle allait esquiver ou répondre vraiment.

- Bon, Philippe, si tu n'es pas pressé, viens boire un coup au café. Je t'invite.

C'est une règle absolue entre nous : Je n'entre jamais seul chez elle, ni elle chez moi. Dans un petit village, les commérages sont terriblement rapides et ravageurs. Les pipelettes doivent consacrer beaucoup de temps à se demander comment une femme et un homme célibataires qui travaillent ensemble peuvent ne pas avoir la tentation de franchir la frontière qui sépare le professionnel de l'intime. Devant son Guignolet-Kirsch « comme d'habitude », et pour moi une mauresque, que m'a appris à apprécier Éloi, elle m'a exposé ses théories originales.

- D'abord, je te raconte une petite histoire : quand j'étais étudiante, bien sûr, on faisait des fêtes, des anniversaires, on fêtait le réveillon du jour de l'An, des trucs comme ça. Et, dans ces soirées, si tu ne danses pas, tu passes pour une pisse-vinaigre, une pas marrante, une complexée. Alors, j'ai bravement entrepris de me tortiller avec tout le monde, et pour ça il me suffisait de picoler un peu plus que de raison. Et un jour, j'ai pas eu envie de picoler, et j'ai regardé mes copains qui s'agitaient consciencieusement. J'ai pris tout mon temps pour observer un gars, il s'appelait José, je m'en souviens très bien, qui me faisait vaguement la cour. Comme il me plaisait bien, j'imagine que ça aurait bien pu finir en bavardage, puis bécots et pelotage soft dans le jardin, avec suite probable jambes en l'air dans son studio d'étudiant. Et José, beau mec, intelligent - il était en doctorat d'histoire - raide comme un piquet mais plein de bonne volonté, s'appliquait à suivre le rythme de la musique avec ses pieds, agitait ses bras brandis en l'air en essayant de copier les autres, prenait un air inspiré en fermant à moitié les yeux pour bien montrer qu'il « sentait » son corps, qu'il n'avait pas d'inhibitions, et il était totalement ridicule.

Et, ce jour-là, je me suis juré que je ne danserais plus jamais, plutôt que de risquer de lui ressembler. José dansait faux, comme on chante faux. Et voilà, cette révélation m'a définitivement coupé toute envie de coucher avec lui. Dommage !

- Tu m'expliques ? Je vois pas comment on peut danser faux !

Florence, visiblement, avait longuement réfléchi à toutes ces questions, comme le font souvent les solitaires, et son argumentaire était opérationnel, il n'y manquait pas un boulon, c'était loin d'être une improvisation. Elle attendait peut-être ma question depuis longtemps ?

- Dans tous les arts, il y a des codes, des contraintes, des techniques liés au contexte local, social, historique, au niveau de développement, aux mentalités. Par exemple, Picasso ou Kandinsky n'auraient pas pu peindre comme ils l'ont fait au seizième siècle. On les aurait traités de barbouilleurs sans talent. Et les Beatles au Moyen Âge, sans leurs guitares électriques, n'auraient pas été les Beatles. Florence s'arrêta en me fixant de ses yeux lumineux pour engouffrer quelques cacahuètes et vérifier si je la suivais. Pour l'instant, j'étais un peu déçu par ces banalités et je l'avais trouvée bien meilleure quand elle nous révélait les secrets du blastophage.

- Pour danser ou pour chanter, pas besoin d'instrument, le corps humain suffit. Mais, jusqu'à présent, les codes ont imposé leur dictature. Danses de cour, danses traditionnelles, ballets classiques ou bal populaire, chants de travail, chants de guerre, cantiques, opéra… Il s'agissait de se fondre dans un moule le plus fidèlement possible. Et, ainsi, on confirmait son appartenance au groupe. Mais notre époque fait tout exploser et c'est le triomphe de l'individu. En art, on ne copie plus, on prétend créer. La danse contemporaine permet à n'importe qui de se mettre à bouger de la façon la plus originale possible en tentant de faire oublier qu'on a appris, un jour. Si on a appris. Faire croire à la liberté. Et, comme la plupart des gens ne connaissent rien à la danse, ça peut faire illusion.

Ses phrases se terminaient souvent en l'air, sur un ton interrogatif. Elle ne voulait pas paraître trop sûre d'elle, par modestie, alors que je voyais bien que ces questions lui tenaient vraiment à cœur.

- On entend que quelqu'un chante faux parce qu'on a tous plus ou moins dans l'oreille les gammes et les rythmes de base qui constituent la musique. Pour la danse, on n'a que l'intuition, notre capacité à débusquer le factice ou de voir si on est devant quelque chose de sincère, d'essentiel. Il me semble que j'ai ce genre de flair. En ce sens, la danse, pour moi, pourrait être la forme d'art la plus pure, dès lors qu'il n'y a pas de mots, pas de codes, pas d'accessoires. Ça passe la rampe ou ça ne passe pas. Ce film que nous a montré Astrid, dans ce sens, m'a vraiment touchée.

Une deuxième mauresque m'a permis d'imaginer Florence jeune, entre les bras ou dans le lit de joyeux étudiants, abusant de boissons fortes pour faire la fête. Ce qu'elle me laissait entrevoir de son aventure africaine me faisait aussi comprendre que ce pauvre étudiant qui dansait faux était d'autant plus ridicule à ses yeux qu'elle avait certainement par la suite passé des nuits à danser et regarder danser les amis de son amant sénégalais à

Kaolack. En se levant pour me signifier que tout était dit, elle ajouta :

- J'aimerais bien aller voir un spectacle de Pina Bausch. Sa compagnie est programmée au festival d'Avignon cette année. Ils vont danser Le Sacre du Printemps. Il paraît que c'est son chef-d'œuvre. Ça te dirait ? Et on proposerait à Éloi de venir avec nous ? J'imagine qu'il faut réserver longtemps à l'avance, j'espère que c'est pas déjà complet ?

## 37

*Samedi 20 février 1988.*

*Cette fois, j'avais depuis longtemps arrêté la maçonnerie et je faisais partie d'une compagnie de danse. Ce n'était pas celle d'Astrid, et on donnait un spectacle sur une scène immense, légèrement en pente vers le public. Je ne savais pas dans quelle ville ni dans quelle salle on se trouvait, et ça n'avait aucune importance. On ne voyait pas le fond du plateau, loin derrière, dans l'obscurité, et le sol était couvert d'un tapis noir. Les projecteurs habilement disposés créaient une ambiance étrange, celle d'un coucher de soleil sur la mer. Les danseurs étaient tous assis par terre ou allongés, ils venaient de sauter et courir dans tous les sens sur une musique endiablée qui s'était brusquement arrêtée, et on entendait alors leur souffle, on voyait leur ventres nus brillants de transpiration se soulever au rythme de leurs inspirations profondes.*

*C'était à mon tour, maintenant, d'entrer en scène, pour un duo avec une danseuse que je ne connaissais pas et qui était postée en face de moi, derrière les pendrions, de l'autre côté du plateau, attendant le moment de venir à ma rencontre. Elle ressemblait beaucoup à Pina Bausch, avec sa peau diaphane, ses cheveux longs et raides et son maintien un peu aristocratique, mais elle était beaucoup plus jeune. Je ne l'avais jamais vue auparavant, on n'avait même pas répété. Elle était vêtue d'une longue robe rouge, descendant jusqu'à ses pieds et, étrangement, elle me parlait en s'avançant vers moi. Je ne comprenais rien à ses mots, mais je dansais exactement comme elle m'y invitait, c'est-à-dire qu'alors que les ondulations de ses bras immenses et de son buste semblaient filmées au ralenti, un peu comme des mouvements de tai chi, je devais tournoyer avec vivacité autour d'elle, et je le faisais en créant toute une série d'attitudes et de gestes incroyablement beaux et justes, sans aucun effort, comme si mes bras étaient en caoutchouc et ma tête aussi légère qu'un ballon d'enfant.*

*Alors, elle s'animait peu à peu, reprenait mes gestes en riant, et je comprenais ce qu'elle me disait dans une langue que j'étais le seul à entendre et à comprendre : « Ce n'est pas comment tu bouges qui m'intéresse mais pourquoi tu bouges. » Et je savais bien pourquoi je dansais, depuis toujours, et j'étais totalement heureux. La chorégraphie se complexifiait peu à peu, nous l'inventions tous les deux dans l'instant. Elle était bien plus grande que moi, me saisissait par la taille et me jetait en l'air en riant, comme une poupée de chiffons. Elle me disait « C'est le Grand Jeté ! » Au début, j'avais un peu peur, mais c'était tellement bon de sentir ses mains fermes et chaudes sur mes hanches et d'avoir confiance ! Sentir que mes jambes s'étiraient en grand écart sans le moindre effort, et que mes bras se déployaient comme les ailes de l'aigle à Peyrepertuse, comme Mi-ange quand je joue avec lui. Je répétais sans fin ce mot : « envergure », qui signifiait que j'étais devenu grand. Je la soulevais moi aussi, on devenait des jouets en peluche, des oiseaux, des feuilles d'arbres emportées par le vent. Il n'y avait pas de musique, seulement le martèlement de nos pieds sur le sol, de plus en plus rapide, de plus en plus léger, le bruit de nos respirations joyeuses et ses mots à moi seul destinés.*

*Mon seul souci était que je savais bien que j'étais en train de rêver, et je me demandais comment retrouver cette fluidité, cette inventivité facile quand je m'éveillerais. Et, surtout, comment continuer à être aussi léger, comme un papillon virevoltant autour de la fille en rouge ?*

# 38

Aujourd'hui, c'est l'anniversaire d'Aline. Éloi m'a invité, ainsi que Florence. Jusqu'alors, tant qu'elle était la maîtresse de Paul puis de Guilhem, Éloi avait maintenu entre elle et lui une distance respectueuse. Mais les garçons partis au lycée après être passés par ma classe, les barrières étaient peu à peu naturellement tombées, et nous nous retrouvions souvent tous les quatre pour des apéros généreusement prolongés chez l'un ou chez l'autre.

Dans notre cercle d'amis gravitait aussi Jonas, qui devenait peu à peu fréquentable en se défaisant de son intégrisme écolo, entre autres en ce qui concerne la toilette : il n'attendait plus le printemps pour se laver dans le Pradas, avait installé une douche chaude, utilisait du vrai savon à la place des fleurs de saponaire, il ne lui restait donc plus qu'à arrêter de fumer ses gauloises papier maïs pour rendre son odeur vraiment supportable. Il nous avait apporté quelques radis et des tomates cerises.

Deux amies d'Aline étaient également là. La sage-femme qui était venue faire naître Guilhem à la maison et que je n'avais pas revue depuis ce jour-là, et sa sœur infirmière. Guilhem était sorti avec ses copains, et Paul qui était désormais étudiant n'habitait plus chez ses parents.

Quand j'avais débarqué à Blomilhac, Éloi louait une maisonnette de plain-pied, avec un petit jardin. Il habitait désormais dans une grande maison à deux étages qu'ils avaient achetée en ruine, avec Aline, et transformée en palace pour leur petite famille. On dit que les cordonniers sont les plus mal chaussés, mais, dans le cas d'Éloi, son amour du travail bien fait et son talent inventif avaient accompli des miracles. Il avait arraché le crépi infâme de la façade et rejointoyé toutes les pierres avec du mortier de son invention, enduit de plâtre ciré les murs de l'escalier, carrelé le sol de tomettes anciennes récupérées chez un client qui les jetait, agrandi les fenêtres, supprimé une cloison pour créer la grande pièce lumineuse où nous nous retrouvions ce jour-là.

Aline allait fêter ses 45 ans. Je la connaissais depuis 16 ans, et pour moi elle était toujours la même belle femme parcourant la vie sur sa barque joyeuse et paisible. Elle avait choisi pour cette occasion une longue robe rouge qui lui donnait, avec ses cheveux noirs en liberté, un peu l'air d'une Andalouse. Comme toujours, Éloi la couvait du regard, émerveillé, comme s'il était encore surpris qu'Aline soit sa femme pour la vie, la mère de ses enfants.

C'est alors que Jonas, sans attendre le cérémonial du gâteau et des bougies à la fin du repas, sortit de son sac son cadeau d'anniversaire. C'était un livre d'art très luxueux sur Brueghel. Visiblement, il ne l'avait pas acheté pour l'anniversaire, il était à lui, il l'avait sans doute feuilleté pendant des heures et l'offrait à Aline, fier et heureux de le lui faire découvrir.

- Hé oui, Pieter Brueghel l'Ancien était Belge, c'est mon compatriote ! Bon, il est vrai qu'à son époque la Belgique actuelle n'existait pas, qu'on ne sait pas vraiment où il est né, et on ignore même la date de sa naissance, mais on est certains qu'il est mort à Bruxelles en 1569. Il tendait le livre à Aline en le tenant à deux mains, comme s'il était très lourd, dans un geste un peu cérémonieux.

- Mon père était passionné de peinture. Il peignait lui-même des trucs pas trop moches. Il m'a offert ce bouquin pour mes 20 ans. J'ai tellement regardé ces reproductions qu'elles sont toutes imprimées dans ma tête. J'en ai plus besoin, à toi de faire travailler tes yeux !

Aline et Éloi ne connaissaient pas du tout Brueghel, et moi, seulement un ou deux tableaux. Aline, très émue et consciente de l'importance qu'avait ce livre pour Jonas, tournait lentement les pages avec émerveillement. Florence lui a soudain demandé de chercher une œuvre qu'elle voulait nous montrer : *La chute d'Icare.* Paysage bucolique, couleurs chaudes, un laboureur dans son champ, un berger et ses moutons, et au second plan la mer calme avec un bateau chargé de marchandises qui s'en va, les voiles gonflées par la brise. Icare vient de tomber. On voit seulement ses jambes qui dépassent de l'eau et s'agitent.

- Et regardez bien, nous dit Florence, comprenez ce que veut nous dire Brueghel : Icare a tenté de voler comme un oiseau, il est l'inventeur, l'artiste, le poète, mais ça n'a pas marché, il tombe. Et que font les gens représentés dans cette scène ? Florence nous regarde examiner le tableau sans lui répondre, elle attend, on sent son excitation, elle crie presque en martelant les mots :

- Ils - s'en - foutent ! Ils continuent leur petite vie tranquille, leur commerce, leur train-train. Ils ne regardent même pas Icare.

*Sur la place chauffée au Soleil, une fille s'est mise à danser...* Éloi s'est mis à chantonner. Brel, le grand Brel, disait la même chose, *Et nous nous voilons les yeux...* et j'étais fier d'avoir fait découvrir cette chanson à Éloi. Je me souvenais du poème qu'il m'avait fait lire, *Un oiseau te regarde*, je l'observais, il était visiblement troublé. Comment Florence pouvait-elle connaître le secret de ses rêves d'envol ? Il n'était donc pas le seul à vouloir décoller ? Tout le monde connaissait le vieux mythe d'Icare, ce n'était qu'un banal fantasme ? Il est vite parti chercher une bouteille à la cuisine pendant qu'Aline tournait la page. J'ai attendu qu'il revienne pour annoncer :

- Bon, puisque ce barbare de Jonas n'a pas respecté la tradition, je sors mon cadeau moi aussi maintenant ! C'est plus modeste. J'espère que tu ne l'as pas lu ? J'ai tendu à Aline le paquet cadeau décoré d'étoiles dorées de la librairie « Le Livre Penseur » à Béziers. Elle en sortit *Les animaux dénaturés* de Vercors. Elle ne l'avait pas lu, et elle était intriguée par l'illustration de la couverture montrant un drôle de singe un peu inquiétant.

- C'est un livre sur les singes ? Elle le feuilletait rapidement, comme si elle pouvait en absorber le contenu instantanément. Je savais qu'Éloi, qui dévorait tout livre qui lui tombait sous la main, le lirait sans doute avant Aline, je n'avais pas choisi ce livre au hasard.

- Non, c'est sur les premiers hommes, nos lointains ancêtres. Encore ce mystère du chaînon manquant entre le singe et l'homme. Tu te souviens, Éloi, de *Pourquoi j'ai mangé mon père ?* Je te l'avais prêté le mois dernier et tu l'as lu en quelques jours. Hé bien, c'est Vercors qui l'a traduit de l'anglais. Le paléontologue Théodore Monod lui a conseillé de le traduire en le lui présentant comme la prolongation des animaux dénaturés.

Nous avions attaqué les radis de Jonas, Éloi faisait la navette entre la cuisine et la grande pièce en apportant toutes sortes de merveilles, sa fameuse tapenade, des lactaires délicieux qu'il appelait « rouzillous » marinés dans l'huile aromatisée, l'inévitable Cartagène...

- Hé, à propos, vous savez ce que c'est, le chaînon manquant entre le singe et l'homme ? demanda en rigolant Jonas. Nous étions en train de remplir nos verres en tentant de ne pas trop nous salir les doigts avec l'huile des champignons, personne ne répondait, pressentant la bonne blague dans la question.

- C'est nous ! Il était plié de rire en regardant nos visages ahuris.

- C'est drôle, mais en plus c'est pas idiot, remarqua Florence, et je trouve même que nous sommes parfois plus barbares que les singes qui, eux, n'ont pas inventés la bombe atomique.

- Encore Brel, Florence, si tu veux bien ? Il dit exactement la même chose que toi ! J'ai demandé à Jonas s'il voulait bien nous faire écouter la chanson « Les singes » sur le 33 tours que je lui avais prêté.

*… Car ils ont inventé le fer à empaler*
*Et la chambre à gaz et la chaise électrique*
*Et la bombe au napalm et la bombe atomique*
*Et c'est depuis lors qu'ils sont civilisés*
*Les singes, les singes, les singes de mon quartier…*

Je voyais bien qu'Éloi, tout en faisant son possible pour que la fête soit réussie, était ailleurs. Il s'efforçait de sourire mais seulement avec les lèvres, ses yeux restaient graves, concentrés sur ses pensées. Il se tenait à distance de la conversation, prétextait son rôle d'amphitryon, surveillant nos verres vides, nous invitant à passer à table, apportant sa fameuse soupe au pistou que j'avais déjà goûtée quelques années auparavant.

Il assuma son rôle jusqu'au bout en ne dérogeant pas à la sacro-sainte règle du gâteau avec les 45 bougies et la remise du cadeau seulement à ce moment-là, avec la chanson d'anniversaire en chœur. Plaisir de chanter ensemble, pas trop faux me semble-t-il, malgré la quantité de bouteilles vides alignées sur le buffet. Il avait préparé une splendide charlotte aux framboises, et acheté pour Aline un somptueux fauteuil relax sur pied pivotant.

C'est seulement en me raccompagnant dans la rue qu'Éloi m'avoua la raison de son vague à l'âme.

- Tu vois, ce bouquin que tu m'as passé, *Pourquoi j'ai mangé mon père ?* Je t'en avais pas encore parlé, mais il m'a fait voir la vérité : mes enfants sont comme les fils de cet homme préhistorique qui cherche toujours à avancer en bousculant le vieux monde. Ils me prennent pour un fou, ils me trouvent excentrique, ils voudraient un père comme tous les autres. Je n'aime pas ce qu'ils vont devenir, des bourgeois ennuyeux, mes fils, tu te rends compte ?

Il s'était assis sur la carriole qu'il garait devant sa maison, comme si nous allions rester là toute la nuit, à bavarder. Je savais le poids de ses mots en cet instant, je pouvais bien prendre le temps de l'écouter.

- Alors vous, ça vous fait rigoler, Icare qui tombe à l'eau parce que ses ailes sont mal foutues, le fils qui mange son père, les singes civilisés, mais moi, je sais plus où j'en suis ! J'ai cru qu'il allait pleurer dans mes bras, il me regardait d'un air suppliant. Je me sentais coupable de ne pas être aussi sensible que lui, de me protéger grâce à l'hypocrisie du second degré, comment pourrais-je oser lui dire cette ânerie : ce ne sont que des livres, de la peinture, de l'art, Éloi. Je me taisais, ajoutant mon silence au calme apaisant de la nuit, nous étions simplement deux amis assis côte à côte, perdus dans leurs pensées.

Éloi était ainsi fait : il plongeait dans un livre, un film ou un spectacle et s'y mouillait tout autant que dans le canal où il se lavait tous les soirs. Il prenait tout au sérieux, ne comprenait pas qu'on puisse fermer un livre et passer à autre chose, oublier les drames ou les joies racontés, parce qu'il les avait réellement vécus au fond de lui. Il n'aurait jamais accepté de regarder deux films à la suite, ça lui était totalement impossible.

J'avais, l'année passée, prêté à Éloi *M. Vertigo*, le dernier roman de Paul Auster. Je n'aurais peut-être pas dû ? Il parlait tellement souvent de ses rêves de vol, de sa sensation de voler en dansant, ce thème prenait tant de place dans nos conversations que je pensais l'amuser avec ce livre.

Paul Auster, immense conteur, a cette audace de nous embarquer dans des histoires impossibles, totalement irréalistes, sans le moindre souci de vraisemblance, en faisant confiance à notre envie de nous échapper du quotidien et il y parvient grâce à son talent de narrateur. Ici, il s'agit de nous attacher à un jeune garçon orphelin qui a eu une enfance malheureuse, élevé par un oncle méchant, un être immonde. Un « maître » recueille l'enfant et le prend sous son aile pour lui apprendre, tout simplement, à voler ! Baroque, surréaliste, magique, fantastique, j'adore ce genre de littérature qui nous force à lâcher momentanément notre rationalisme étouffant, mais d'une seule main, car le vrai monde y est toujours terriblement présent, comme dans *Cent ans de solitude* de

Garcia Marques que j'avais prêté à Éloi et qu'il avait lu avec plaisir.

Mais j'ai vite constaté qu'il était étonnamment troublé et même concerné par ce livre : Tout simplement parce qu'il croyait à cette histoire ! Le maître transmet au gamin le don de voler, et le montre en public comme un phénomène de foire, ce qui lui rapporte évidemment beaucoup d'argent. L'histoire se passe aux États-Unis au début des années trente, années terribles de la grande dépression, propices à l'apparition de toutes sortes d'aventuriers, arnaqueurs et manipulateurs et on a le choix entre faire semblant d'y croire, pour la poésie de l'image de ce gamin suspendu en l'air qui prend ainsi sa revanche sur un destin de misère tracé d'avance, ou se demander quel est « le truc » du magicien.

Mais Éloi était désespéré par la suite du roman, la perte du « don » de voler quand survient la puberté de l'enfant. Il était furieux contre Paul Auster qu'il accusait de traîtrise pour ne pas lui avoir permis de rêver avec ce miracle pendant toute la durée du livre.

Il m'avait rendu *M. Vertigo* sans finir de le lire. J'avais du mal à le comprendre et je commençais à me faire vraiment du souci pour lui.

# 39

*Samedi 15 septembre 1990.*

*C'était un vendredi soir de juin, et j'avais proposé à Philippe de venir piqueniquer avec nous au bord de la mer entre Sète et Agde. L'odeur des oliviers de Bohème était entêtante, la lumière encore vive du soleil rasant nous faisait plisser les yeux. La plage se vidait peu à peu, l'air était doux après la grosse chaleur de l'après-midi, nous arrivions à la bonne heure.*

*J'avais apporté quelques figues, les premières de la saison, et Philippe, en en ouvrant une pour l'observer, m'a raconté comment Florence avait entrepris d'expliquer aux enfants la reproduction des figuiers, que je connaissais à peu près, mais sans doute pas aussi précisément qu'elle. Il était en même temps amusé et un peu choqué qu'elle affirme en classe que, sans les blastophages, ces bestioles qu'on appelle ici la mouche du figuier, il n'y aurait pas de figues alors qu'elle lui avait avoué plus tard qu'elle savait très bien que la plupart des figuiers en France n'en ont pas besoin, parce qu'on a sélectionné des variétés qui se fécondent toutes seules.*

*Nous avons parlé longtemps de la vérité. Philippe affirmait qu'elle existe, qu'elle n'est pas négociable, qu'on ne doit pas transiger avec elle. Il ne m'a pas convaincu. Je crois qu'il faut raconter de belles histoires aux enfants, et leur dire que le monde est vaste et beau, alors qu'on sait qu'il ne l'est pas. Et les spectacles de Pina Bausch, avec de belles danseuses amoureuses d'hippopotames en plastique, contiennent bien plus de vérité que les rubriques économiques de Midi Libre.*

*Et qui pourrait m'empêcher de croire que j'arriverai un jour à voler, m'envoler librement, en écartant les bras comme je sais le faire la nuit dans mon lit ?*

# 40

Une femme revêche avait répondu à Florence au téléphone qu'il ne restait que quelques places pour la représentation du lundi 10 juillet, la dernière, qu'elle avait beaucoup de chance, qu'elle devait immédiatement envoyer un chèque au Festival d'Avignon et qu'elle recevrait les billets par retour de courrier. Le Tanztheater Wuppertal était programmé dans la cour d'honneur du Palais des Papes, les places étaient très chères mais à force d'insistance, Astrid avait réussi à nous convaincre que nous ne pourrions pas continuer à vivre si nous rations cet évènement !

- Et j'ai lu que Pina Bausch en personne danserait dans *Café Muller*, c'est le seul de ses spectacles auquel elle participe encore !

Elle avait demandé à Florence de réserver en même temps pour elle aussi. Nous serions ainsi placés ensemble.

Florence, Éloi, Aline et moi sommes partis de Blomilhac en début d'après-midi. Nous devions passer prendre Astrid à Montpellier. Il faisait une chaleur étouffante, les cigales dans les platanes qui bordaient la route étaient déchaînées et je roulais avec les vitres ouvertes. Nous avions donc du mal à nous parler.

À l'arrière de la voiture, Éloi chantait à mi-voix *Ne me quitte pas !* de Jacques Brel, dont il était devenu un fan inconditionnel, en roulant les « r » à la manière de Nina Simone qui venait de reprendre le titre. *Moi, jé t'offouiouai des peoules de plouie...* Aline le regardait, comme toujours quand il faisait le pitre, avec cette même tendresse amusée.

Astrid nous attendait à Castelnau-le-Lez sur la route de Nîmes. Aline lui laissa la place du mort à côté de moi, pour qu'elle me guide en arrivant à Avignon. Elle nous expliqua qu'il fallait être devant le Palais des Papes vers vingt et une heures quinze. On aurait donc largement le temps de se promener et de manger quelque chose en ville.

- Les spectacles ne commencent pas avant vingt-deux heures. Il faut attendre que la nuit soit bien noire, que les martinets aient terminé leur ronde du soir et que les cigales soient endormies. On a de la chance, on n'aura pas froid ce soir.

J'étais déjà venu plusieurs fois au Festival quelques années plus tôt, mais je m'étais contenté du Festival Off aux prix plus accessibles. Nous étions un groupe de jeunes instituteurs, anciens de l'École normale de Toulouse, et nous passions une semaine de juillet à faire le plein de culture. Nous campions sur l'île de la Barthelasse parmi les babas cool fumeurs de pétards, les étudiants sages et les comédiens désargentés. Je connaissais donc un peu la ville, et j'avais envie de la faire découvrir à Éloi et Aline. Les remparts, le long desquels j'ai garé la voiture, les vieilles rues, la foule bigarrée des festivaliers, les murs couverts et indéfiniment recouverts d'affiches, les artistes distribuant leurs tracts publicitaires, rien n'avait vraiment changé. Certains, vociférant et gesticulant dans leurs costumes de théâtre au milieu de la cohue, tentaient de se faire remarquer, de présenter aux badauds des extraits de leurs spectacles, et nous plongions dans un grouillement qui donnait le tournis, une sorte de folie collective. Tout le peuple passionné de culture était là, intellectuels avec barbe et cheveux blancs, touristes débraillés du monde entier, faux artistes déguisés en artistes de salon exposant à voix forte leurs jugements péremptoires sur telle ou telle création - Crois-moi, c'est le seul spectacle vraiment novateur parmi les centaines de nullités qui ne méritent même pas qu'on en parle !

Après l'apéritif obligatoire sur la Place de l'Horloge, centre névralgique des festivaliers, Astrid nous a permis de respirer un peu en nous menant, dans une rue minuscule, à une pizzeria dont elle connaissait la patronne, une de ses anciennes élèves à Label Danse. Encore étourdis, nous ne disions rien et savourions nos lasagnes en continuant à observer la faune humaine qui déambulait dans la rue.

C'est seulement au moment de nous lever pour rejoindre le Palais des Papes qu'Éloi demanda à Astrid si la scène serait recouverte de sable marron comme pour la création du *Sacre du Printemps* en 1975. Il en avait vu des extraits en vidéo lors du stage à Wuppertal, et ces tonnes de sable étalées par des ouvriers comme lui étaient à la fois un trait d'union entre son métier et sa passion, et une incongruité, une sorte de démesure qu'il avait du mal à accepter.

- Et en plus, ça doit coûter une fortune !

- Mais, lui répondit Astrid, on s'en fout de l'argent ! Je préfère que mes impôts servent à ça plutôt qu'à fabriquer des sous-marins nucléaires ! Avant de s'exciter davantage sur ce thème, elle s'arrêta sur le trottoir, nous obligeant à l'attendre pour poursuivre, en bonne pédagogue, plus calmement :

- Ce sable est un élément essentiel du spectacle ! Coloré comme de la terre marron, sale, il va souiller le corps des danseurs, et ainsi Pina Bausch tient encore une fois à nous rappeler que, pour elle, l'art n'est pas coupé de la vraie vie. Ses danseurs ne sont pas des anges désincarnés, ils transpirent, se salissent, s'épuisent comme toi quand tu manies ta truelle.

Éloi hochait la tête en silence. Nous arrivions au Palais des Papes. Le soleil se couchait et n'éclairait plus que les créneaux en haut des murailles, les deux petites tours surplombant l'entrée, et la statue dorée de la Sainte Vierge protectrice du Palais. La faune festivalière changeait de nature, moins débraillée, moins jeune, on remarquait quelques robes longues, quelques costumes-cravates même. Éloi me tira par la manche pour me montrer une beauté orientale avec une étole de soie rouge autour des épaules au bras d'un play-boy scandinave à l'allure sportive en costume trois pièces blanc crème. Elle avait du mal avec ses talons aiguilles à marcher avec élégance à ses côtés sur le sol empierré du parvis. Nous étions de moins en moins à l'aise, conscients de ne pas être à notre place, maladroits, et tout à coup infantilisés, comptant sur Astrid pour nous introduire dans ce monde inconnu.

Nous nous sommes installés à nos places en haut des gradins, trop loin de la scène à mon avis, mais Astrid nous affirma que c'était mieux ainsi pour avoir une vue d'ensemble de la chorégraphie. Nous restions étonnamment silencieux alors que nous avions tant de questions en tête. Les cris des martinets qui tournoyaient sans cesse au-dessus de nous à la recherche de leur dîner du soir couvraient le brouhaha de la foule. Certains spectateurs âgés avaient apporté des petites couvertures pour protéger leurs genoux du froid, d'autres des jumelles de théâtre, on chuchotait, parlait à voix basse, Éloi me glissa à l'oreille que ce public n'avait rien à voir avec celui du concert de Noir Désir auquel l'avait traîné son fils Guilhem.

- C'était quand même plus joyeux, dis donc, c'est bizarre, là, j'ai l'impression d'aller à la messe !

Le soleil avait continué sa route vers l'ouest et les étoiles avaient furtivement pris sa place. Les martinets étaient partis retrouver leurs petits au fond des nids, la lumière s'est éteinte et l'immense plateau est peu à peu apparu dans une demi-obscurité à travers laquelle on devinait le décor de *Café Muller*, tables et chaises de bistrot, portes sur les côtés, sol de couleur sombre, et la voûte céleste en guise de plafond.

En fond de scène, une grande porte vitrée derrière laquelle on distingue un tourniquet comme on en trouve à l'entrée des grands hôtels. Le tout est un peu glauque, la lumière blafarde, on entend des bruits de chaises, et on devine peu à peu une femme en nuisette ou combinaison blanche qui se déplace comme une aveugle, les bras tendus en avant. C'est Pina Bausch en personne, évanescente. Puis une voix de soprano s'élève, porteuse de tout l'amour humain, c'est la musique sublime de Purcell. Une à une, les autres danseuses-somnambules entrent dans ce bistrot vide et froid et des hommes se précipitent pour déplacer les chaises ou les ramasser, les ranger avant qu'elles ne les percutent.

Non, ce n'est pas la messe ! Ce qui se joue là me raconte la détresse de la solitude, l'impossible rencontre malgré les tentatives pathétiques de ces hommes et de ces femmes qui se croisent, se touchent, se cognent, s'étreignent, se rejettent. Est-ce de la danse ou du théâtre ? Pina Bausch avait d'emblée répondu à cette question inutile en nommant sa compagnie Tanztheater Wuppertal.

Me resteront longtemps en mémoire quelques émotions fortes, comme celle d'avoir physiquement, au plus profond de moi, ressenti la souffrance qu'expriment les bras nus déployés en de mystérieuses volutes, les torsions et les spirales des corps des danseuses, et l'idée surprenante que l'art avait le pouvoir de rendre belle cette souffrance. Quelques images aussi d'étreintes fugaces, de chocs violents, cet homme qui porte une femme dans ses bras comme un paquet qu'il laisse tomber à terre, la reprend, la relâche, recommence sans cesse de plus en plus vite, et tous se cognent aux chaises qui tombent, c'est un grand désordre, une folie qui va se calmer peu à peu et les danseurs-acteurs vont disparaître l'un après l'autre par la porte tourniquet au fond de la scène.

Pendant l'entracte, Éloi n'a pas dit un mot, il tentait de comprendre comment l'armée de techniciens démontait le lourd décor de *Café Mulle*r et installait l'immense bâche du Sacre du Printemps. Ils y étalaient à l'aide de grands râteaux des tombereaux de sable ou de terre brun rouge. Ils effectuaient cette tâche avec une rapidité surprenante et une harmonie parfaite, presque une chorégraphie.

Astrid nous avait un peu parlé au restaurant du *Sacre du Printemps*, nous expliquant que l'argument de ce ballet était extrêmement succinct.

- Stravinsky s'est servi d'un très ancien mythe païen russe : quand vient le printemps, une jeune fille doit être sacrifiée pour que la terre soit fertile. Elle est choisie, désignée par les hommes. Elle devra porter une robe couleur de sang. Le Sacre est en fait le nom du Sacrifice.

Je ne m'étais jamais intéressé à la danse, avant de rencontrer Éloi, et je n'avais jamais vu un spectacle de danse contemporaine. Quand tout le public s'est levé à la fin pour applaudir, j'ai compris que nos corps avaient tellement accumulé de tensions par empathie avec les danseurs pendant ces trente-cinq minutes de folie qu'il était vital pour nous de bouger, d'applaudir frénétiquement. Autant, pour *Café Muller*, Pina Bausch penchait vers le théâtre, autant, pour le *Sacre du Printemps*, il s'agissait d'abord de danse, de corps triomphants, virtuoses et sauvages à la fois. Un magnifique ballet, seize femmes et seize hommes, une chorégraphie totalement maîtrisée, qu'il s'agisse de rondes réglées au cordeau ou de cohue anarchique, de transe primitive ou d'échappées de solistes face au chœur en attente. Les femmes en longues robes de couleur chair peu à peu trempées de sueur semblaient nues, leurs corps offerts au regard, toute pudeur abandonnée, et les hommes exhibaient leurs torses musclés de plus en plus souillés par la terre qui collait à leur peau humide. Danseurs virtuoses ou mineurs de fond échoués par erreur sur cette scène ?

Solitude inexorable de la créature humaine et tentative toujours avortée de rencontre amoureuse, souffrance, beauté, drame, peur, désir, puissance de la musique de Stravinsky, j'étais épuisé de toutes ces émotions partagées, bouleversé.

Dans la cohue de la sortie, un homme étonnant s'est avancé vers nous sans un mot, il semblait connaître Éloi et surtout Aline qu'il a embrassée affectueusement. Grand et mince, son physique, ses vêtements et son comportement le rangeaient sans aucun doute possible dans la catégorie « artiste » comme tant de spectateurs, visiblement, ce soir. Il dégageait une impression de force, de vitalité et de joie de vivre étonnantes. Le teint sombre, mal rasé, ses cheveux et ses sourcils étaient d'un noir profond mais ses yeux étincelaient comme un feu dans la forêt nocturne. Il était vêtu d'une sorte de kimono en soie noire, avec une veste ample aux manches larges en tissu imprimé de figures géométriques dans les tons du gris foncé au blanc crème. Entre japon et Afrique.

Pendant qu'il nous accompagnait vers le parvis du Palais, j'observais sa façon de se déplacer, et j'ai vite conclu qu'il était danseur. Et aussi qu'il était sourd en remarquant qu'il communiquait avec Aline en langue des signes. Je savais qu'elle avait fait un stage pour s'y initier quelques années plus tôt et qu'elle continuait à se former. Elle nous le présenta comme Pablo, danseur, et l'un de ses anciens patients. Il me semble qu'Éloi, un peu mal à l'aise, l'observait de côté comme s'il tentait de retrouver un souvenir le concernant.

Une conversation animée s'engagea entre Aline et lui, et elle tentait de faire sommairement l'interprète au fur et à mesure. C'était incroyable de voir à quel point sa pratique de la langue des signes était différente de celle de Pablo, alors qu'ils semblaient parfaitement se comprendre.

Il lui raconta qu'il était devenu danseur professionnel, qu'il avait créé à Lyon sa propre compagnie qui s'appelait *Signaladanse,* du signe à la danse, au sein de laquelle travaillaient des entendants et des sourds. Ils développaient l'aspect artistique du langage des signes, l'élargissaient pour l'amener à la danse, tout en attirant les danseurs entendants vers leur univers.

Il était passionné, passionnant, et nous avons peu à peu formé un cercle sur la place du Palais des Papes, avec le renfort de quelques autres passants éberlués, pour le regarder nous parler en silence de son aventure. Le mouvement partait de ses doigts, entraînant les bras, les épaules, et tout le corps qui ondulait librement sous le kimono léger. Rapidement, Aline arrêta de traduire, c'était devenu impossible et totalement inutile ! Astrid commençait à esquisser quelques mouvements en le regardant et Éloi se cramponnait à Aline pour ne pas les rejoindre. Soudain, Pablo s'arrêta brusquement en regardant sa montre, nous salua cérémonieusement et partit en courant.

Dans la voiture, au retour, Astrid n'arrêtait pas de poser des questions à Aline sur cet étonnant Pablo, d'où sortait-il, comment l'avait-elle rencontré ?

- Tu sais, les danseurs ont souvent besoin des ostéopathes, je me suis occupée de ses articulations il y a huit ou dix ans. On a sympathisé et c'est grâce à lui que j'ai décidé d'apprendre le langage des signes. Depuis, la rumeur a couru et d'autres danseurs sourds sont venus me voir, c'est passionnant d'arriver à communiquer sans les mots !

- Mais ce qu'il nous a montré, là, sur la place à Avignon, c'était quoi ? Tu ne pouvais plus traduire ou tu ne voulais plus ? Aline regarda Astrid quelques secondes, avant de répondre, un peu ironique :

- C'était … Pablo. C'était beau, non ?

## 41

*Samedi 15 juillet 1995.*

*On est rentrés bien tard d'Avignon, mais, mardi matin, le réveil a sonné comme d'habitude et je suis retourné à mon boulot, je ne suis pas en congé scolaire comme Philippe, moi, encore heureux que M. Berteaux m'ait permis de quitter le travail lundi à midi. Ne pas oublier que je suis ouvrier maçon, cette aventure me l'a impitoyablement rappelé ! Et je sais bien qu'Astrid puis Dominique à Wuppertal m'ont raconté des salades sur mon prétendu talent. C'était par gentillesse, bien sûr, mais je leur en veux de m'avoir fait croire qu'on peut être un bon danseur sans avoir une solide technique. J'ai bien vu le niveau de cette troupe ! Et Dominique, qui nous faisait chercher au stage comment danser la peur, la surprise ou la joie, savait bien que, sans des milliers d'heures d'entraînement, on n'est pas danseur, tout au plus un comédien amateur qui peut faire le pitre pour amuser les copains.*

*Je ne veux pas me souvenir de ce spectacle. Je n'aurais jamais dû y aller. Je me connais, il n'y a aucune barrière de protection entre ce qui se passe sur la scène et moi. C'est plus fort que moi, je suis ce danseur qui porte une danseuse, et la lâche et la reprend et la laisse tomber sans cesse. Tout ce qu'il ressent je le partage, je sais ce qu'est un bistrot vide qui pue la clope, et qu'on est toujours seul. Et je peux comme eux jouer avec mes bras, comme s'ils n'étaient pas des outils utiles mais des objets décoratifs, comme si mes mains étaient des pinceaux avec lesquels je peindrais le ciel.*

*Mais j'ai payé ma place pour voir des types comme moi déverser et étaler des tonnes de terre sur une scène. Et de fabuleux danseurs en sueur courir, bondir ou se traîner dans cette terre et se salir pendant que j'étais habillé en touriste endimanché, le cul sur ma chaise. Ils tendaient leurs regards et tout leur corps vers le ciel étoilé, ils n'avaient pas besoin de rêver de s'envoler, ils planaient tous réellement au-dessus de cette scène, les femmes se jetaient dans les bras des hommes, on voyait leurs seins tendus et leurs longs cheveux affolés, et cette musique, putain ! Je n'imaginais même pas que ça puisse exister, une telle sauvagerie ! La respiration rythmée, ininterrompue, d'un animal fabuleux qui s'éveille, se rendort, s'emballe, se calme, rugit, Stravinsky est bien plus moderne et puissant que Noir Désir, Guilhem ne sait sans doute pas qu'il a existé et je parie qu'il ne voudra même pas l'écouter si je trouve le disque !*

*Tout le monde m'a demandé pourquoi je ne dansais pas hier, au bal du 14 juillet. Comment expliquer ? Qui pourrait l'entendre ? Je ne suis plus chez moi ici, comme je n'étais pas chez moi au Palais des Papes. Étranger partout. Snob ici, pouilleux là-bas.*

*Quand on s'est levés pour l'ovation, j'étais vidé, lessivé, courbaturé, comme si j'avais trimbalé des briques toute la nuit ! Ils étaient tous tellement pris par le spectacle que personne, heureusement, n'a vu que j'ai pleuré toute la soirée. De bonheur, d'admiration et de désespoir. De ressentir tellement fort ce qui se passe devant mes yeux et de ne pas y participer. De comprendre que c'est là et nulle part ailleurs que se trouve la vraie vie. Je n'ai pas besoin des explications d'Astrid, avec son histoire de tissu rouge qui symbolise le sang de l'élue qui va être sacrifiée, Pina Bausch parle directement à mes épaules, à mon dos, à tous mes muscles, c'est aussi à moi qu'elle dit : « Dansez, dansez, sinon nous sommes perdus. »*

*Elle est venue saluer avec tous les danseurs à la fin du spectacle, un peu fantomatique dans sa longue robe blanche. Elle regardait droit devant, les paupières à demi fermées comme à son habitude, et son léger sourire rêveur. Peut-être m'a-t-elle vu ?*

# 42

Le patron d'Éloi a décidé de se reposer enfin, de prendre une retraite bien méritée. Peut-être pour se faire pardonner de l'avoir payé au SMIG pendant quarante ans, il lui a donné sa clientèle, sa vieille bétonnière, et lui a vendu la camionnette bien en dessous de son prix. Cet homme-là avait lui aussi trimé toute sa vie, il ne roulait pas en Mercedes, ne portait pas une Rolex au poignet et son entreprise ne risquait pas d'être cotée en bourse.

Éloi est donc désormais seul à mener sa barque. Il n'a embauché personne pour l'aider. Il a bravement tenté d'être son propre patron, d'assumer un énorme travail administratif, déclarations, inscriptions aux caisses, cotisations, comptabilité, compte en banque professionnel avec un conseiller personnel à l'agence de Béziers, il s'y est vite noyé, même si le travail ne manque pas : tout le monde sait au village qu'il est un maçon exceptionnel.

Alors, les soucis l'usent, il vieillit de plus en plus vite. Certains jours, il n'ouvre plus son courrier, factures non payées, cotisations sociales en retard, menaces des créanciers de plus en plus agressives. Il remet à plus tard, on verra ça demain...

Aline voit bien ce qui se passe, mais son travail lui prend tout son temps, et, quand elle a tenté d'aider Éloi, elle s'est heurtée dans un premier temps à un refus catégorique. Alors, sans même lui en parler, elle a décidé de ralentir son travail d'ostéopathe en libérant deux jours par semaine, et de prendre les affaires de « l'entreprise » en main. La voilà promue secrétaire de direction... Et l'irruption d'Aline dans le domaine d'Éloi, au lieu de les rapprocher, les oppose. La pression monte, le couple bat de l'aile, pollué par cet intrus envahissant qui s'installe entre eux. Chacun se réfugie dans le silence, le cours de la vie ralentit, piétine, s'assèche peu à peu.

Éloi ne prend plus de cours de danse depuis longtemps. Toute son énergie est mobilisée par son travail. Quand il était ouvrier, il était libre après ses trente-neuf heures de travail hebdomadaire. Aujourd'hui, il ne compte plus les heures, doit téléphoner sans cesse aux clients, fournisseurs, créanciers ou débiteurs. Depuis quelque temps, le téléphone portable a fait son apparition. Au début, en posséder un était un privilège rare, le manipuler en public faisait de son propriétaire un être exceptionnel. À tel point que des petits malins ont fabriqué et commercialisé de faux téléphones, à l'usage des frimeurs. Il suffisait de parler et de faire semblant d'écouter un interlocuteur imaginaire. Éloi avait bien rigolé en voyant un de ses copains, dragueur impénitent, se pavaner sur la place à proximité de la terrasse du café, en inventant un dialogue invraisemblable alors qu'il savait que ce type n'avait pas les moyens de s'acheter un « vrai » portable. Mais, finalement, Aline l'a obligé à s'acheter un Nokia, dernier modèle – le prix de ces jouets magiques baisse peu à peu - pour qu'on puisse le joindre n'importe où, n'importe quand, et l'habitude est vite prise. En plein repas, il doit répondre que non, il n'oublie pas ce mur à recrépir, cette cheminée qui s'est effondrée avec l'orage du mois dernier, oui, il passera demain après la journée pour voir les dégâts.

Les formalités administratives l'ont vite submergé. Le statut de patron n'est qu'honorifique. En réalité, il est seulement un petit artisan, un maçon qui travaille à son compte et qui gagne moins bien sa vie que lorsqu'il était salarié. Aline assiste impuissante à ce naufrage, elle a dû faire appel à un expert comptable qui lui demande « de toute urgence » une infinité de documents, attestations, contrats, devis, factures, qu'il a rangés, certainement, mais où donc ?

Les rêves d'Éloi, eux, survivent à cet esclavage déguisé. Ils prennent même de la vigueur, deviennent envahissants. Et le télescopage avec la vraie vie est d'autant plus violent qu'il ne lui reste plus une minute pour s'évader pendant son travail comme autrefois quand il volait avec les oiseaux sur les toits.

Il n'a même plus le temps de s'occuper correctement de Mi-ange qui décore généreusement le garage de ses fientes mais ne veut pas partir rejoindre ses congénères. Il niche définitivement sur la plus haute poutre, hors de portée des chiens et des chats. Éloi lui apporte les souris qu'il attrape avec les pièges qu'il a disposés un peu partout dans la maison. Mi-ange est devenu expert dans la chasse aux cigales dont regorgent les frênes au bord des chemins en été. Il s'enhardit parfois à attaquer les moineaux affaiblis par le froid en hiver.

Éloi a quand même réussi à sauvegarder quelques soirées de cinéma avec Aline. Après une pizza en terrasse sur les allées Paul Riquet à Béziers, ils ont été un samedi soir au Kursaal voir le film *Billy Eliot*. C'est Aline qui avait remarqué l'anagramme, à une lettre près, ce qui l'avait incitée à lire le résumé et à proposer à Éloi d'aller le voir. Le choc fut énorme. Éloi se retrouve chez lui dans cette famille de mineurs. Le travail dur, l'exploitation, les licenciements, les fins de mois difficiles, tout cela fait partie de son héritage familial. Et il reconnaît parfaitement l'indignation du père qui découvre que son fils préfère danser que faire de la boxe.

Bien sûr, il s'agit dans ce film de danse classique, avec chaussons blancs et tutus pour les filles. Tout cet univers ne l'a jamais vraiment intéressé et ne le concerne plus du tout depuis qu'il est allé à Wuppertal. Mais la fascination de ce gamin pour la danse le touche au plus profond de lui-même. Il connaît cet acharnement à s'entraîner, à tirer sur les muscles, sur les articulations, pour arriver à la légèreté, à l'aisance, à la beauté. Il se revoit à travers cet enfant qui s'arrache à sa condition de fils d'ouvrier, comme on s'arracherait à l'attraction terrestre. Et la dernière scène le renvoie à ses rêves récurrents : Billy, adulte, danseur étoile au London Coliseum dans le Lac des cygnes est costumé et maquillé en oiseau, un gigantesque oiseau qui court sur la scène, et s'envole en un « Grand Jeté » magistral.

Aline a l'intelligence de retenir les phrases qu'elle aimerait prononcer dans la voiture sur le chemin du retour. Éloi n'est pas *Billy Eliot*. Définitivement. Et d'ailleurs, cette histoire est-elle vraisemblable ? Un fils de mineur, ou d'ouvrier aux salins du Midi, peut-il devenir danseur étoile ? Elle se contente de parler de cinéma.

- Moi, c'est le père qui me touche le plus. Quel acteur ! On sent tellement de violence contenue, qui cache tout l'amour qu'il a pour son gosse ! Et la dureté du monde de la mine, la lutte syndicale, la politique de Tatcher, c'est pas en France qu'on tournerait des films comme celui-là !

Éloi répondait par des borborygmes d'approbation. Il était ressorti du cinéma avec une sensation de malaise diffus et persistant. Il ne voulait pas se sentir concerné par cette histoire de fils d'ouvrier qui arrive à danser « pour de bon », une histoire en même temps trop proche et trop éloignée de la sienne. La comparaison lui aurait fait trop de mal. Il aurait bien aimé aussi chasser de son esprit l'image de cet ami d'enfance de Billy Eliot qui pense peut-être que les danseurs sont tous naturellement homosexuels. Il voulait seulement rester imprégné par cet élan qu'il avait ressenti, cette empathie parfaite avec Eliot au moment où il s'envole.

Ou alors, il lui aurait fallu trouver la force d'un grand éclat de rire : dans le film, c'est le fils qui veut danser et le père qui désapprouve. Dans la vraie vie d'Éloi, ce sont ses fils qui rejettent la passion de leur père pour la danse !

# 43

*Samedi 24 mai 1997.*

*Je suis descendu au fond du puits au centre de la cour de Notre-Dame du Dimanche. Sans doute pour réparer quelque chose, une pierre descellée ? J'ai dû utiliser une échelle, mais ensuite je me retrouve tout au fond du puits et il n'y a pas d'eau, juste de la terre humide. C'est une pièce de forme circulaire assez vaste, avec des niches tout autour, à hauteur d'homme. Et dans chaque niche, un faucon crécerelle immobile me regarde, attend que je lui parle. Ils sont nombreux et parmi eux Mi-ange, que j'ai repéré en premier, a l'air d'être le chef. Dans la pénombre, je ne vois pratiquement que leur yeux, énormes. L'ambiance est un peu oppressante, je manque d'air. Je ne sais pas quoi leur dire, je pense qu'ils attendent de moi que je leur annonce qu'on va s'envoler tous ensemble pour s'échapper du puits mais j'ai peur que Mi-ange leur révèle que je ne vole pas comme eux. Je voudrais leur dire que j'ai l'habitude, que je sais voler, pas de problème, mais aucun son ne sort de ma bouche, j'essaie le langage des signes, je gesticule n'importe comment, je bats des ailes, je me mets à danser comme Pablo, et soudain tous les oiseaux se mettent à crier, et s'envolent sans moi vers la lumière, pendant que je reste collé à la boue au fond du puits.*

*Tous ces cris m'ont réveillé, ce n'est donc qu'un mauvais rêve qui a fait cogner si fort mon cœur ? Quand je me rendors, je retrouve Mi-ange, il est sur le perchoir que je lui ai installé dans le garage, à côté de la gamelle en métal dans laquelle je lui apporte ses repas, sous la poutre qui lui sert de refuge quand il a peur des chats. Il me regarde de ses deux grands yeux entièrement noirs ou plutôt, comme ils sont placés sur les côtés de sa tête, il me fixe alternativement avec l'un puis avec l'autre, en penchant un peu la tête, ce qui lui donne un air interrogatif. Il me pose toujours la même question : pourquoi tu t'occupes de moi alors que tu ne sais pas voler ? C'est que Mi-ange ne fait pas partie de mes rêves d'envol, ce n'est pas possible, car dans ces rêves, je reste moi, bras et jambes, je ne deviens pas oiseau !*

*Nos têtes sont très proches l'une de l'autre, il n'a absolument pas peur de moi, il est parfaitement calme, immobile, son regard fixe m'hypnotise peu à peu, et j'ai l'impression de me couvrir de plumes, de devenir léger comme lui, de sentir le vent, peut-être qu'en écartant bien les bras, en fermant les yeux, ça viendrait ?*

# 44

Paul a été reçu au bac technologique avec mention bien. Il a « la bosse des maths » comme disent ses copains du lycée, c'est un bûcheur, il est sérieux, ne court pas les filles et son livret scolaire est très élogieux. Il a donc été admis à l'IUT de Montpellier. Bien sûr, il est reconnaissant envers son père qui lui donne les moyens de poursuivre ses études. Mais il sait parfaitement ce qu'il ne veut pas : travailler de ses mains comme lui. Son objectif : devenir « chef de projet en informatique de gestion et en informatique industrielle ». Éloi ne comprend pas très bien à quoi correspondent concrètement tous ces mots mystérieux. Pour lui répondre, Paul ne peut s'empêcher de réciter son catéchisme.

- Bin tu vois, maintenant, toutes les entreprises utilisent l'informatique. Il faut répondre à leurs besoins en matière d'administration de réseaux, de conception et de réalisation de programmes, d'assistance technique, de gestion de bases de données… Sans compter Internet, qui sera bientôt incontournable. D'ailleurs, tu devrais t'y mettre, achète un ordinateur, connecte-toi, sans blague. Pour être dans le coup. T'as pas le choix. Et pour la compta, tu gagnerais un temps fou !

- Mais je saurais pas choisir le bon modèle, je saurais même pas l'allumer ! Et le temps d'apprendre, je le prends où, dis-moi, toi qui sais tout ?

- Ecoute, si tu veux, je t'en trouve un d'occase, je te l'installe, je te montre deux ou trois trucs… Le père recule d'un pas et doit lever la tête pour regarder d'un air dubitatif son fils qui est désormais bien plus grand que lui. C'est un bel homme, cheveux courts, de longues mains d'intellectuel aux ongles impeccables, un polo Lacoste, les joues roses rasées de frais. Éloi sait bien qu'il a raison, il devrait sauter de joie à la perspective d'entrer dans ce monde moderne qui est en train de happer Paul corps et âme, mais quelque chose en lui résiste. Quelle place reste-t-il à la vie dans tout ce fatras numérique ? se demande-t-il. Un jour, Paul a tenté d'expliquer à son père les bases du langage informatique. Mais, quand il lui a révélé que toutes les informations, chiffres, lettres, images et même les sons étaient transformés en de misérables suites de zéros et de un, rangées par paquets de huit, Éloi s'est senti partagé entre incrédulité, indignation et une énorme envie de rire.

- Et tu crois, toi, que Victor Hugo aurait accepté qu'on réduise la Légende des Siècles à des un et des zéros ?

- Je ferais mieux de montrer les trucs dont je te parle à maman, qui s'y met déjà pour son boulot, elle est pas si bornée et têtue ! Et, si j'ai bien compris, elle va t'aider à gérer ta boîte ?

- C'est pas « une boîte », mon entreprise de maçonnerie, c'est juste mon travail, tu sais, mon gagne-pain, notre gagne pain. Éloi parle avec douceur, sans se fâcher, il a juste un peu souligné le « notre », il sait qu'il devrait être fier de son fils. Il va « réussir ». Il aura de l'argent, une belle voiture, une maison neuve, sans âme mais avec piscine, des vacances en famille aux Baléares… Il ne se cassera pas le dos à manipuler du sable et des pierres, il ne se ruinera pas la santé à avaler de la poussière, à se brûler au soleil en été ou attraper des engelures en hiver quand le vent du nord fait s'envoler les tuiles sur les toits.

Mais il ne dansera pas non plus. Éloi a vite compris que la passion de leur père pour la danse mettait ses fils mal à l'aise. Comme autrefois leur grand-père. Ils n'en parlent jamais, c'est une maladie honteuse, une anomalie familiale.

Paul a trouvé grâce à son réseau d'amis étudiants un ordinateur pour Éloi. Dans cette course effrénée des fabricants et des revendeurs, on trouve déjà des iMac d'occasion. Il a assuré à Éloi que les Mac étaient beaucoup plus simples à utiliser. Cet ordinateur ressemble un peu à un jouet, une espèce de gros œuf en matière plastique bleuâtre. Avantage appréciable : Guilhem ne pourra pas l'utiliser pour ses jeux, généralement conçus pour les PC !

Ses deux fils ne sont jamais allés le voir danser quand il participait aux présentations publiques de l'atelier d'Astrid. Éloi a peu à peu accepté cette clandestinité imposée. Il se réfugie tout au fond de lui, il danse en cachette, en rêve, mais sa danse n'est plus joyeuse comme autrefois.

Un père a besoin de l'estime de ses enfants. Il a aussi besoin de les admirer, d'être fier d'eux. Éloi s'est rendu compte que Paul ne lisait jamais rien d'autre que des revues d'informatique. Il a essayé de lui faire partager, à défaut de la danse, le plaisir de lire les romans qu'il dévore depuis quelques années, mais à quoi bon se fatiguer les méninges ? Paul préfère regarder des films ou des séries à la télé, affalé sur le divan du salon, pour se reposer quand il s'est trop usé les yeux et le cerveau devant son écran d'ordinateur.

Quant à Guilhem, encore au lycée, il n'est pas en retard sur son époque, lui ! Il a travaillé tout le mois d'août, embauché par son père, pour se payer la dernière Play Station et il partage ses soirées entre « Grand Turismo », un jeu de courses de voitures, prétendant que ça l'aidera pour passer son permis, et « Tekken 2 », sur lequel il se défoule grâce à de la bonne grosse bagarre, de vrais méchants et d'héroïques gentils, des costauds bodybuildés et des bombes sexuelles à la poitrine invraisemblable. Aline et Éloi ont obtenu qu'il joue avec un casque audio pour ne pas subir les bruitages terriblement suggestifs de cet univers de violence impitoyable.

Pas de polo Lacoste pour lui, il se donne une apparence vaguement Punk avec ses jeans cloutés et ses grosses chaussures noires montantes, même en plein été. Pas de soucis pour les parents, le mouvement Punk a vite perdu son âme et il n'est plus question de révolte contre la société bourgeoise, ou d'expériences de mode de vie alternative, mais seulement de mode vestimentaire inoffensive et coûteuse.

Il regarde de loin son père se débattre avec son nouveau statut d'artisan, même pas petit patron puisqu'il n'embauche personne. Il est quand même concerné, il devrait s'y intéresser puisqu'il a besoin de l'argent que gagne Éloi pour payer son permis de conduire et la Polo d'occasion qu'il a repérée chez un garagiste à Pézenas. Il tente sans succès de le faire rire en lui chantant le tube de Bashung :

*Ma petite entreprise*
*Connaît pas la crise*
*... Le lundi le mardi*
*Le mercredi le jeudi*
*Le vendredi - de l'aube à l'aube*
*Une partie de la matinée*

*Et les vacances – abstinence...*

Il est peu vraisemblable que Guilhem s'intéresse un jour à la danse ou à la poésie.

## 45

*Samedi 20 novembre 1999.*

*J'ai l'impression de ne pas avoir dormi de la nuit. Chaque rêve me réveillait, et chaque fois j'essayais de me souvenir de tous les détails pour ne pas oublier, pour graver dans ma mémoire ce film qui m'avait arraché au sommeil et dont j'étais l'acteur principal.*

*Aline voudrait que j'aille voir un psy, elle en connaît un, très bien, tu verras, c'est un ami d'une copine, et elle a noté son numéro de téléphone précédé de la lettre psy en grec sur un petit post-it jaune collé sur le frigo. Elle pense que je suis en train de devenir fou. La plupart des gens le pensent sans doute au village ? Si j'avais la tête tranquillement posée sur les épaules, mon cerveau fonctionnant juste assez pour faire de moi un bon maçon, avec la satisfaction de gagner honorablement mon pain quotidien, de nourrir mes gosses et de les emmener parfois à la mer, de rembourser le crédit de la maison en attendant la retraite pour pouvoir enfin m'occuper sérieusement du potager, je ne serais pas considéré comme fou.*

*Si ma tête est pleine d'envies de danser, d'images de danseurs et de danseuses virevoltant sans cesse et si, les yeux fermés, j'ai du plaisir à me voir danser comme on respire, si je rêve la nuit et le jour de m'envoler comme un oiseau, si je me sens plus proche d'un faucon crécerelle que de mes fils, si les livres que me prête Philippe m'obligent à me poser des questions qui ne mènent qu'à d'autres questions et à d'autres encore de plus en plus compliquées, indéfiniment, alors je suis fou, ou je le deviens ?*

*Je me suis levé avec mal à la tête. Ça ne m'était jamais arrivé comme ça. Il doit y avoir un sacré embouteillage dans mon crâne ! Des courts-circuits, la surchauffe !*

*C'est sans doute la conséquence du tumulte de la guerre qui fait rage au cœur de mon cerveau entre certains rêves qui forcent l'entrée de mes nuits, les rêves dont je ne veux pas, qui sont en rapport avec toutes ces nouvelles tâches qui me submergent depuis que je suis mon propre patron, et ceux que je retrouve avec plaisir, au cours desquels je vole, je danse, je parcours le monde entier le nez collé à la fenêtre de trains de nuit.*

*C'est juste après le coucher du soleil, le temps est très doux. Vénus vient d'apparaître à l'ouest dans le ciel indigo, un peu au-dessus de l'horizon. Je ne sais pas pourquoi je me retrouve sur le toit de la maison, assis sur les tuiles, adossé à la cheminée. J'ai posé l'iMac devant moi entre mes jambes, et je dois le retenir avec mes genoux. Je sens sa légère chaleur sur mes cuisses. Sur l'écran, je vois Baschung qui chante avec sa voix gouailleuse « Ma petite entreprise » et toutes ces conneries. Et il me regarde en se moquant de moi, en fait, il s'adresse à moi, me dévisage comme s'il voulait m'expliquer quelque chose, un peu comme si j'étais un idiot qui ne comprend rien à rien. Et alors, ça devient un débat comme à la télé, et, parmi quelques intellectuels grisonnants, il y a Philippe avec une belle veste bleue qui explique que c'est du second degré, qu'il y a un sens caché, qu'en réalité l'auteur du texte de la chanson parle de son sexe qui ne connaît pas la crise, donc qui ne débande jamais, et tout le monde est terriblement gêné.*

*On voit ensuite - en fait l'ordinateur s'est transformé en télévision - Bashung qui se met à danser sur une immense plage déserte, il est en justaucorps blanc très serré, on découvre que c'est un merveilleux danseur et, tout en exécutant de savantes pirouettes, il poursuit les mouettes, ses enjambées sont de plus en plus longues, il saute de plus en plus haut, il disparaît peu à peu à l'autre bout de la plage, devient minuscule, et on devine qu'il s'envole avec toutes les mouettes. Mais on n'y croit pas, on sait bien que c'est un effet spécial, un trucage, et Philippe me crie à tue-tête du bout de la rue – C'est du chiqué, c'est du cinéma, ne t'en fais pas ! Sa voix est beaucoup trop aigüe, ce n'est pas une voix humaine, c'est Mi-ange, ki kri ki ! Ses cris me réveillent.*

*Un peu plus tard dans la nuit, l'ordinateur est sur la table de la cuisine, le téléphone posé à côté, et Aline me répète que je dois appeler l'URSSAF. Elle me le dit en chantonnant, Éloi, l'URSSAF, Éloi, Éloi... allongée sur son fauteuil relax, et ça m'énerve un peu. Elle a collé un post-it sur le côté de l'écran de l'iMac, mais je ne sais plus ce que je dois dire ou demander, alors je lui dis pour me justifier que je ne parle pas anglais, et d'ailleurs, je dois aussi appeler le comptable, mais je n'ai pas retrouvé les factures qu'il m'a demandées, et la cocotte-minute se met à siffler, ça me soulage, je vais pouvoir ranger tout ça pour dégager la table et on va manger la soupe de poireaux de campagne que j'aime tant.*

*Au petit matin, dans un dernier rêve-ennemi, le téléphone portable sonnait, ça faisait une petite musique enfantine un peu ridicule et je ne savais pas sur quel bouton il fallait appuyer pour répondre, et en réalité je faisais exprès de me tromper, j'appuyais n'importe où, de plus en plus fort, je tapais même dessus, mais la musique ne s'arrêtait jamais et je souhaitais au fond de moi qu'à force de maltraiter cette saloperie de téléphone, il se détraquerait et se tairait enfin, mais c'était le réveil qui sonnait, Aline avait encore tiré, en dormant, la couette vers elle, j'avais un peu froid et il fallait aller au boulot.*

# 46

Paul est très excité par l'article qu'il vient de lire dans une revue d'informatique : un ordinateur, nommé Deep Blue, a battu le champion du monde Garry Kasparov aux échecs.

Sa foi est désormais inébranlable, les revues qu'il passe ses nuits à dévorer l'affirment, la loi de Moore est validée par l'expérience : elle soutient que la puissance et donc la vitesse des ordinateurs, double tous les 18 mois ! L'intelligence artificielle est à portée de main. Révolution numérique ! Rien ne pourra arrêter la marche en avant. Éloi se souvient de son père, quand il était tellement fier de lui annoncer qu'on roulait désormais en TGV à plus de 200 kilomètres-heure entre Lyon et Paris. Ferdinand lui avait alors demandé en bougonnant ce que feraient les gens de ce temps gagné.

Le bug de l'an 2000 n'a finalement été qu'une vaste blague qui a empêché Paul et ses amis de dormir pendant quelques nuits, et qui a bien amusé Éloi. L'œuf bleu trône sur son bureau, il l'allume sans enthousiasme et découvre qu'on peut aussi jouer là-dessus au solitaire, en fait, il s'agit de réussites, de vulgaires jeux de cartes avec l'inconvénient que, là, on ne peut absolument pas tricher ! Le nom, en revanche, ne ment pas : on est bien seul face à une machine. Il s'abstiendra de rappeler à Paul qu'un jeu de cartes vaut bien moins cher qu'un ordinateur, il sait que ça ne le ferait même pas sourire. Il pense au pauvre Kasparov : pourquoi ce géant des échecs russe a-t-il accepté cette mascarade ? N'aurait-il pas été plus digne de perdre face à un vrai joueur ? Quant à la compta, le logiciel est installé, on verra demain.

Seule la danse intéresse Éloi. Seul le regret de n'avoir pas dansé autant que son corps l'exigeait occupe son esprit. Ses rêves débordent de plus en plus sur ses journées. Il est seul, à 15 mètres de haut, sur une terrasse qu'il est censé réparer. Il travaille pour le maire qui possède la plus haute maison du village. Quatre étages. Il fut un temps où certains propriétaires viticulteurs étaient vraiment riches. D'énormes bâtisses témoignent de leur réussite. Leurs héritiers ont bien du mal à entretenir ce patrimoine encombrant. L'originalité de cet aïeul a consisté à remplacer le toit par une terrasse recouvrant toute la maison, comme en Afrique du Nord, avec les problèmes d'étanchéité qu'on imagine dans ce pays d'orages diluviens. Une petite balustrade en ciment moulé d'inspiration vaguement antique entoure cet espace ouvert à tous les vents qui devient la scène dont rêve Éloi depuis si longtemps.

Éloi ignore totalement le vertige, alors, il s'amuse à marcher comme un funambule sur la balustrade, à faire l'arbre droit sur le tas de pavés qu'il vient de décoller du sol, à sauter d'un côté à l'autre de la terrasse comme un chien joyeux. Il chante avec application son cantique préféré, un Ave Maria de sa fabrication qui obligeait sa mère à se boucher les oreilles quand il l'entonnait.

*Les saints et les anges et tous les é-élus*
*Quand ça les démange, se grattent le-e cul*
*Avec, avec, avec le petit doigt …*

Mi-ange le surveille, un peu inquiet, il essaie de répondre à la chanson d'Éloi par son cri de crécelle, Ki kri ki ! Il repasse plusieurs fois en dessinant de larges courbes au-dessus de la maison du maire. Éloi lui permet de plus en plus souvent de l'accompagner au travail. Il le salue en exécutant d'aristocratiques révérences, un pied en avant, la taille élégamment penchée vers son collègue volant.

Il se souvient de ce solo qu'il avait présenté devant tous les élèves et surtout devant Astrid alors qu'il ne connaissait rien à la danse. Il court là-haut, il tourne, il bondit, continue à tracer les cercles qui l'ont accompagné toute sa vie. Il s'enroule sur lui-même, se déplie lentement et regarde en riant le soleil qui l'éblouit, et l'oblige à cligner des yeux.

Il se souvient encore de cette interview de Noureev qui évoque cet instant pendant lequel le danseur reste en l'air, cette seconde qui sort du temps. Il a d'ailleurs dans sa chambre une photo sur laquelle on voit le danseur russe immobile, comme suspendu, et cette image fait écho à celles des danseurs cosaques des Ballets Moïsseïev sur l'affiche de leur spectacle qui est passé il y a quelques années aux arènes de Béziers. On les voit eux aussi envolés avec leurs bottes impeccables, immobilisés en apesanteur par le photographe.

Il est encore habité par ce rêve qui tout au long de sa vie est régulièrement revenu le visiter. Il se voit mesurer du regard un espace devant lui, souvent dans son garage, ce n'est pas, étonnamment, une immense plage, mais plutôt un lieu de vie habituel. Cette terrasse sera la piste de décollage sur laquelle il devra courir le plus vite possible. Le plus important est l'impulsion du pied à la dernière enjambée. La sensation de force qu'il imprime à sa jambe et qui l'envoie en l'air, et permet qu'il reste là-haut comme une plume au vent. La tension de tout son corps doit perdurer, mais il ne s'agit plus alors d'un effort pénible, plutôt d'une volonté maintenue, une conscience de sa capacité exceptionnelle, éphémère et fragile, à s'élever en l'air, de la chance qu'il a de pouvoir ainsi voler, regarder sa maison, les rues, les gens qui ne le voient pas, qui ne savent pas son bonheur infini. C'est un rêve joyeux, il le retrouve toujours avec plaisir. Le jour comme la nuit.

Il doit courir de toutes ses forces d'un bout à l'autre de la terrasse, prendre appui sur le rebord de la balustrade, prendre son élan et bander son corps muscle par muscle pour s'envoler enfin pour de bon. Face à lui, le soleil l'éblouit et l'aveugle mais il ne ferme pas ses yeux.

Sa femme lui ayant promis un cassoulet au confit de canard, monsieur le maire se hâtait de rentrer chez lui pour le déjeuner. Il a découvert devant sa porte un rêve brisé en forme de corps humain désarticulé. Il n'a pas été étonné, n'a pas hurlé au secours. Il savait depuis longtemps que ça allait arriver. Tout le monde voyait bien qu'Éloi perdait les pédales et qu'il finirait tôt ou tard par « faire une bêtise ». La question que se pose monsieur le maire est celle de sa responsabilité : la balustrade est-elle assez haute pour qu'on ne l'accuse pas de mise en danger d'un travailleur effectuant des réparations sur son toit ? Le front soucieux, il s'avance vers la maison pour appeler les pompiers. Il n'oubliera pas cet après-midi de se renseigner à la mairie sur les règles de sécurité en vigueur dans le bâtiment.

La main sur la poignée, il s'arrête, le regard attiré par l'étrange manège d'un faucon crécerelle qui tournoie sur la terrasse au-dessus de la maison, s'arrête longuement en vol stationnaire au-dessus du corps d'Éloi, repart dans le ciel immense en lançant son ki kri ki, et revient sans cesse.

*Le grand jeté est une figure de danse classique dans laquelle le danseur se jette dans les airs pour y accomplir un grand écart.*

Je tiens à remercier :
Pour leurs relectures attentives : Bernard Colin, Violaine Vérité, Céline Cassard, Dominique Edmond-Mariette, Françoise Cassard.
Olivier Larrey pour ses connaissances ornithologiques.

Sources pour Pina Bausch :

- *Pina Bausch - Histoires de Théâtre dansé* - par Raimond Hogue et Ulli Weiss. L'Arche. 2014.
- *Pina* : film de Wim Wenders. 2011
- *Les rêves dansants* - film de Anne Linsel et Rainer Hoffmann. 2010

## Structures éditoriales du groupe L'Harmattan

**L'Harmattan Italie**
Via degli Artisti, 15
10124 Torino
harmattan.italia@gmail.com

**L'Harmattan Hongrie**
Kossuth l. u. 14-16.
1053 Budapest
harmattan@harmattan.hu

---

**L'Harmattan Sénégal**
10 VDN en face Mermoz
BP 45034 Dakar-Fann
senharmattan@gmail.com

**L'Harmattan Cameroun**
TSINGA/FECAFOOT
BP 11486 Yaoundé
inkoukam@gmail.com

**L'Harmattan Burkina Faso**
Achille Somé – tengnule@hotmail.fr

**L'Harmattan Guinée**
Almamya, rue KA 028 OKB Agency
BP 3470 Conakry
harmattanguinee@yahoo.fr

**L'Harmattan RDC**
185, avenue Nyangwe
Commune de Lingwala – Kinshasa
matangilamusadila@yahoo.fr

**L'Harmattan Congo**
67, boulevard Denis-Sassou-N'Guesso
BP 2874 Brazzaville
harmattan.congo@yahoo.fr

**L'Harmattan Mali**
Sirakoro-Meguetana V31
Bamako
syllaka@yahoo.fr

**L'Harmattan Togo**
Djidjole – Lomé
Maison Amela
face EPP BATOME
ddamela@aol.com

**L'Harmattan Côte d'Ivoire**
Résidence Karl – Cité des Arts
Abidjan-Cocody
03 BP 1588 Abidjan
espace_harmattan.ci@hotmail.fr

**L'Harmattan Algérie**
22, rue Moulay-Mohamed
31000 Oran
info2@harmattan-algerie.com

**L'Harmattan Maroc**
5, rue Ferrane-Kouicha, Talaâ-Elkbira
Chrableyine, Fès-Médine
30000 Fès
harmattan.maroc@gmail.com

---

## Nos librairies en France

**Librairie internationale**
16, rue des Écoles – 75005 Paris
librairie.internationale@harmattan.fr
01 40 46 79 11
www.librairieharmattan.com

**Lib. sciences humaines & histoire**
21, rue des Écoles – 75005 Paris
librairie.sh@harmattan.fr
01 46 34 13 71
www.librairieharmattansh.com

**Librairie l'Espace Harmattan**
21 bis, rue des Écoles – 75005 Paris
librairie.espace@harmattan.fr
01 43 29 49 42

**Lib. Méditerranée & Moyen-Orient**
7, rue des Carmes – 75005 Paris
librairie.mediterranee@harmattan.fr
01 43 29 71 15

**Librairie Le Lucernaire**
53, rue Notre-Dame-des-Champs – 75006 Paris
librairie@lucernaire.fr
01 42 22 67 13